区位差异视角下农民工返乡创业成长机制研究

The Mechanism of Entrepreneurship Growth for
Returning Migrant Workers under the Perspective of
Location Difference

邓俊淼◎著

经济管理出版社
ECONOMY & MANAGEMENT PUBLISHING HOUSE

图书在版编目（CIP）数据

区位差异视角下农民工返乡创业成长机制研究/邓俊淼著 . —北京：经济管理出版社，2022.7

ISBN 978-7-5096-8610-2

Ⅰ.①区…　Ⅱ.①邓…　Ⅲ.①民工—创业—研究—中国　Ⅳ.①F249.214②D669.2

中国版本图书馆 CIP 数据核字（2022）第 128842 号

组稿编辑：赵亚荣
责任编辑：赵亚荣
责任印制：黄章平
责任校对：陈　颖

出版发行：经济管理出版社
　　　　　（北京市海淀区北蜂窝 8 号中雅大厦 A 座 11 层　100038）
网　　址：www.E-mp.com.cn
电　　话：（010）51915602
印　　刷：唐山玺诚印务有限公司
经　　销：新华书店
开　　本：720mm×1000mm/16
印　　张：14.5
字　　数：220 千字
版　　次：2022 年 9 月第 1 版　　2022 年 9 月第 1 次印刷
书　　号：ISBN 978-7-5096-8610-2
定　　价：68.00 元

目　录

第一章 引言

一、研究意义

农民工返乡创业经历了从打工区位到创业区位的转换，同时也是从城市到乡村的区位转换，不同区位之间的差异对农民工返乡创业具有重要的影响。首先，由于不同地理区位在信息、资源和知识方面分布密度不同，因此创业农民工在信息、知识和资源方面的汇聚效果不同，从而造成创业成长绩效的差异。其次，创业区位距离城市、城镇和主干道的距离不同，造成其对市场、资源和制度的可得性的差异，进而造成创业成长绩效的不同。最后，地理区位不仅是精英群体权利的空间化控制，是地方政治和经济精英的强势表达，而且是精英群体权利秩序的表征（林耿，2011），农民工返乡创业是对家乡地精英控制社会网络的嵌入过程，双方关系的耦合程度影响农民工创业成长。

农民工返乡创业是一个人力资本、金融资本、知识、信息和创业精神在区位之间的流动过程，受到打工区位"推力"和家乡区位"拉力"的双重作用。区位差异视角下农民工返乡创业成长机制的关键在于建立打工区位与创业区位、城乡之间的资本、信息、人力和知识的高效流动机制，在此过程中，社会网络和关系起到关键作用。然而，在返乡创业过程中，打工区位社会网络受到返乡创业的影响，而家乡区位社会网络受到以往外出务工的影响，两个区位社会网络存在减弱的倾向。在此条件下，如何通过跨区位的有效沟通，建立打工地和创业地、城乡之间资源的合理流动机制，是推动农民工返乡创业成长的关键。

农民工返乡创业对统筹城乡发展、缓解农村及城市就业压力、推动区域经济发展起到了重要作用（王西玉等，2003）。返乡创业具有经济和社会环境嵌入的特点（孟晓斌，2007），其在嵌入过程中受到资金、技术和管理、制度环境、融资和用地、信息等方面的约束（韩俊和崔传义，2008；陈中飞等，2010）。多重约束条件下如何成长是农民工返乡创业研究的关键。

地理区位（包括打工区位和创业区位）是创业成长的重要影响因素，该因素却往往被创业研究学者忽略（Andersson D. E.，2005）。一定的地理区位是创业者获取资源、信息、知识、机会和支持网络的重要平台，不同的区位在市场转型、自然资源条件、经济发展水平、社会文化方面存在差异性，这使不同区位对创业成长具有不同的影响，应从区位差异视角，分析农民工返乡创业成长的影响因素，得出农民工创业的集群化成长路径。

二、国内外研究现状分析

（一）国内研究现状

不同学者分别从金融环境（张海洋，2011）、社会资本（边燕杰，2006）、人力资本（汪三贵等，2010）等视角关注农民工创业成长，认为创业资本均来自社会网络，创业成长与社会网络具有密切关系。社会网络根植于一定的地理区位，返乡创业农民工拥有双重网络，即打工区位的社会网络和创业区位的社会网络，不同社会网络的效果和作用机制不同。

经济地理学中有关经济行为主体之间的社会相互作用如何塑造经济绩效的研究文献越来越多，"关系视角""关系导向"的研究成为21世纪初西方经济地理研究中的一个重要研究热点，而我国在结合中国国情进行经验研究方面尚显不足（李小建等，2009）。农民工返乡创业形成的区位差异（如图1-1所示，包括绝对区位差异和相对区位差异）对创业成长的影响，为开拓经济地理学"关系导向"的研究提供了一个很好的视角。

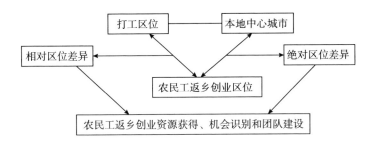

图 1-1 区位差异的概念及本书的重点界定

1. 相对区位差异对农民工返乡创业的影响

农民工在从农村到城市的流动过程中，传统的亲缘和地缘的社会网络起到了关键的作用，发挥着节约劳动力迁移成本和有效配置资源的作用（李培林，2003）。并且在打工城市中，农民工积极利用集聚区外的社会关系寻求发展机会（李志刚和刘晔，2011）。农民工的关系网络受到出生地、流动距离、到达阶层、流入年数、受教育年限和政治身份的影响（张云武，2009）。不同农民工在打工区位社会网络中所处的位置不同（任义科等，2010），位置的差异使其具有不同的资源获取能力。在农民工外出务工过程中，社会网络发挥了重要的作用，那么在农民工回流创业的过程中是否依然发挥重要的作用呢？如果发挥作用，其作用的效果和空间机制如何？

资源的可得性是影响农民工创业成长的关键因素（朱红根等，2011），尤其是稀缺的、有价值的、难以模仿的、不可替代的信息和资源。社会资本有利于获取信息和资源（王栋和陈永广，2010；李新春和刘莉，2009）。农民工社会资本主要有两个方面，即外地弱连带和本地强连带，相关研究发现，外地弱连带处于断裂状态，而本地强连带在返乡农民工创业机会识别和企业创业绩效中更具影响（黄洁和蔡根女，2010）。由于打工区位和创业区位存在空间距离，社会交往的密度、频率和信任水平下降，使外地弱连带不会传递创业机会有价值的信息（黄洁等，2010）。综上所述，社会网络中不同的位置决定了资源获取能力，农民工的打工社会网络特征及其在网络中的地位（统治性和控制性）对创业成长的资源、机会识别和团队建设的影响程度及其空间机制应成为研究创业成长的关键领域。

2. 绝对区位差异对农民工返乡创业的影响

绝对区位差异是指农民工创业区位与中心城市或者交通干道的距离。不同地理区位的自然、社会、经济和政策环境影响当地农民的创业行为（孙红霞，2010；林斐，2004）。大部分回乡创业农民工选择的创业和居住地点是离家较近的村庄或村镇（国务院发展研究中心《农民工回乡创业问题研究》课题组，2008），按照距离衰减原理，距离乡镇越远，信息越不畅，对创业机会的识别能力下降（朱红根、陈昭玖和张月水，2011），越倾向于从社会网络获得创业金融资本（汪三贵等，2010）。在城乡二元结构背景下，应重点探讨农民创业成长的资源、机会识别和团队来源的地理圈层及其动力机制。

3. 产业集群对农民工返乡创业成长的影响

产业集群是发展中国家农村工业化的重要路径，在产业集群内部，整个生产流程被分解成许多相对独立的部分，每个部分需要的投资大大降低，从而使拥有有限资金的企业家能够选择相应的分工环节进入工业化的生产中（阮建青，2007）。产业集群内创业要素充沛，成为重要的创业空间（王朝云和梅强，2011），创业者在集群内活动，实现内容分工深化和知识创造（苗长虹和魏也华，2009）。在集群内部，创业者通过相互学习、沿着产品链条进行的灵活专业化分工以及集体行动克服资源约束，并识别创业机会、整合创业资源和创业团队来实现集群化成长（李功网和罗余才，2011）。蕴含在集群内的创业网络有助于新创企业在网络中获取创业资源，提高创业绩效（孙玉青和赵艳萍，2011）。综上所述，区位差异视角下产业集群的触发和形成，关键在于激励农民工选择基于本地网络的成长，构建一个打工区位和创业区位的联动机制。

（二）国外研究现状

创业能够显著提高农村居民收入水平，是经济发展的重要表征（Mohapatra and Rozelle，2007）。创业受到地理区位的影响，并镶嵌于一定的地理区位中，是地理区位与创业者之间的互动效应，地理区位是影响创业绩效的重要因素，但往往被创业学者所忽略（Psaltopoulos et al.，2005；Stephan，2011）。如一项对 Nicaragua 农户的研究发现，地理区位创业经验显著决定农户的经营收入（D'Haesey and Ruijter，2008）。此外，一项对印度创业的研究发现，与农村居民相比，城镇居民具有较强的创业倾向（Monsen and Mahagaonkar，2011）。

1. 绝对区位差异对创业行为的影响及其机理

不同地理区位的社会特征、人口密度不同，从而影响创业者对创业机会、创业风险的识别，创业资源获得和信息获得机制，创业的倾向、意愿、类型和产业选择，还影响到已经创业者的创业绩效（Meccher and Pelloni，2006；Mohapatra et al.，2007）。如果以城市为中心，把研究的地理区位分为城市中心区、城市郊区和边缘区三类，则边缘区相比核心区在金融资本和基础设施条件方面处于劣势（Amorós et al.，2011）。城市周围地区、农村地区、偏远地区在发展机会上是有区别的（Wiggins S. and Procto S.，2001）。如果把区位分为都市和乡村，则都市拥有更多的创新，其居民更容易识别创业机会（Paul and Robson，2009；Arenius P.，2005）。

政府部门可以通过改善落后和偏远地区的基础设施条件，尤其是推广信息技术和信息设施等项目，能够降低金融机构和创业者的信息不对称程度，从而激励金融机构给偏远地区创业者提供更多的金融资本，缓解其流动性约束（Felsenstein and Fleischer，2002）。出于对基础设施、信息、知识和资本的偏好，农民工在创业区位选择过程中，往往会考虑聚集经济、创业资本和人力资本及这些因素的交互效应（Lasch，2011）。

不同地理区位上的创业的发生率和持续时间不同。地理区位的作用分两方面：一方面是积极效应，即识别机会、获得资源支持和组建高素质团队方面，这提高了创业的成长率并延长了生存时间；另一方面是负面效应，主要由于企业密度增加，生态位重合，竞争压力导致创业失败。总体来说，农村新创企业的成活率要高于城市地区（Huiban，2011；Haapanch and Tervo，2009；Stephan，2011）。综上所述，城乡二元结构决定了地理区位对创业成长具有独特的作用机制，对其内部作用机制的探讨应结合区位理论、创业理论和社会资本理论。

2. 相对区位差异对创业成长的影响

在家乡创业一方面具有一定的节约成本的优势，主要表现在资金成本、信息成本、土地成本和劳力成本，另一方面能够得到非正式社会网络的支持（Noden，2002）。临近的社会网络能够提高创业的经营收益（Tsuchiya，2010）。Octavio 等（2002）研究发现，企业家在创业区位选择中，相对于其他区位，创业者倾向于选择在家乡所在地附近创业，主要目的是获得低成本雇佣劳动力的家乡优势，而非家乡的区位选择主要是受聚集经济和临近中心城市的驱动，通过地理临近性节约搜寻成本。Kalantaridis（2010）研究发现，由于创业机会不同，移民创业的区位选择倾向于家乡。Li 和 Georgeanne（2009）研究发现，家乡地区社会资本和社会网络的建立是影响创业者区位选择的关键因素，农民工返乡创业尤其是为了获得家乡的比较优势，也为了更大可能地获得家庭成员、朋友和地方银行的财务支持。Lin 和 Tao（2012）研究发现，移民创业者可以通过双元区位来获得创业资源，支持创业成长。家乡创业能够使农民工获得资本和成本优势，能够低成本地获得资源并利用家庭网络进行经营。

错综复杂的个人网络是重要的资源，社会网络通过识别机会的价值和利用机会的可行性来影响创业意愿（Santos，2007）。一项对印度尼西亚的研究发现，非正式的支撑网络的存在是吸引企业家在某一地区创业的关键因素（Ndoenl et al.，2002）。非正式网络的作用，使家乡社区的社会和经济特征成为家族企业成活时间的重要影响因素（Stafford et al.，2010）。在农村地区，企业家的企业管理理念与农村社会文化价值一致，依靠社会联结和口碑相传的声誉机制（Shields，2005）。农民工具有家乡社区和打工区位的双重社会网络，不同区位社会网络对创业成长的作用效果和机制是否存在差异还缺乏深入的研究。

3. 产业集群对创业成长的影响

第一，在集群内部，知识可以在双边协商下无成本传递（Horaguchi，2008），知识和信息的传递有助于创业机会的识别。第二，集群内部企业之间的合作营销非常重要，有利于企业的合作销售（Felzensztein and Gimmon，2009）。第三，集群内创业网络有助于企业家获得精神鼓励、技术帮助、信贷支持和经营规则

（Merrett，2000）。第四，新创企业的地理临近性有助于互助网络和风险分享网络的形成（Fafchamps et al.，2007）。当受到外来（全球化）冲击的影响时，地方管理者和企业家对外来冲击产生反应，形成创业和产业集群来应对外来冲击（Andrew M. Marton，2002）。政府也有动力选择集群化发展战略，并通过改善集群内部基础设施和公共服务来促进企业集聚（Kourtit K.，2011；Dumais et al.，2002）。由于社会联系随着地理距离扩大而迅速变弱（Glaeser et al.，2002），因此地理临近性非常重要，可以通过社会资本来显著提高创业的生存能力（Kalnins and Chung，2006）。创业家出于对异质性的创业机会的追逐、默示性知识的获得、重要社会联系的获得和信息的需求，会选择地理上的集聚（Sorenson and Audia，2000）。综上所述，区域的创业型增长需要构建创业和集群的有效的结合方式，因此，异质性的创业者如何形成集群化战略是目前亟待解决的问题。

（三）国内外研究现状的启示

地理区位不仅可以理解为静态的相对位置关系，而且应考虑区位与关系的综合，应综合社会网络和区位理论，解释区位差异对农民工创业成长影响的内部机理，了解资源、知识、信息和人力在不同区位之间流动的空间机制。因此，本书拟以区位差异为切入点，分析农民工返乡创业成长机制，如图1-2所示。

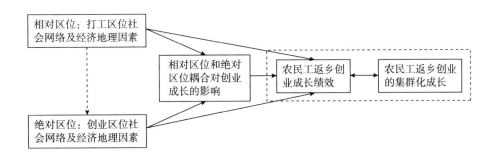

图1-2 研究脉络

第二章 农民工返乡创业产业选择及其影响因素

地理区位影响社会资本，社会资本又嵌入一定的地理区位中（Olav，2018），尤其是乡土社会内部，人们在地理空间距离范围内进行社会活动，从而建立一种社会交往关系。这种关系随着互动频率的增加、资源流动（包括人情、借贷、捐赠以及其他）、感情交流、日常生产劳动和经济活动等得到巩固和提升，这便形成了社会资本或者社会网络。其中蕴含复杂的关系要素，但是这些活动总是在一定的地理空间内进行。同时，人与人之间通过社会关系来相互影响和干预的程度会随着距离的增加而发生衰减，主要原因是地理距离影响社会资本加固和增强，降低了这些活动的发生率和影响力，从而使社会关系随着空间距离的增加而发生衰减。

社会资本影响创业产业选择。首先，社会资本能够带来有用的产业信息。例如，在某一行业内创业的朋友，其了解的行业内部的信息会通过平时的交往渠道传递给潜在创业的农民工，从多个渠道传递给潜在创业农民工的信息增多，就会提高其对创业机会的识别能力，从而增大其在该行业内创业选择的概率。社会关系使返乡创业农民工积累了更多的经验，提高了其对机会信息的警觉性，从而更容易识别创业机会。因此，社会资本影响创业农民工的产业选择。其次，社会资本影响创业机会识别。创业的产业选择其实是创业机会识别的一部分。创业机会识别首先是行业的选择。创业机会识别的内在影响因素还包括创业者的专业知识，拥有某一个领域更多专业知识的人，会比其他人对该领域内的创业机会更具警觉性和敏感性。创业机会的识别同时受到社会关系网络的影响，个人社会关系网络的深度和广度也会影响机会识别，通常情况下，建立大量社会与行业专家关系网络的人，会比那些拥有少量关系网络的人识别更多的创业机会。社会关系网络能带来承载创业产业机会的有价值的信息，与强关系相比，弱关系更有助于创业农民工识别创业机会，选择产业。最后，社会资本影响先前经验。先前经验在产业选择中具有十分重要的作用，而先前经验受到社会资本的影响，通过社会资本，创业者获得某一行业经营的实际经验，尤其是打工区位的打工经验构成先前经验的重要组成部分。

地理区位影响农民工返乡的创业选择。在农民工创业过程中，通过社会资本了解创业信息，获得创业资源，从而识别和建构创业机会。其识别创业机会的同时，也是产业选择的过程，因此影响社会关系的区位同样影响一个区位的产业。区位对不同创业者的机会影响和产业选择都是一致的，所以在一个区位上会形成大量的同一产业创业者聚集，从而形成产业集聚。社会关系同样会影响创业团队的建设，在产业选择和创业机会感知上具有相同的社会关系的人员，通过一定的资源和情感联结，从而形成共同的创业团队。综上所述，地理区位影响农民工创业的产业选择行为，其内在逻辑主要为"地理区位→社会资本→产业选择"。

第一节　创业区位对农民工创业产业选择的影响

一、文献综述与理论假设

创业产业的选择同时也是一个认知过程，包括对有形环境的评价和对无形环境的评价。一定的产业培育和发展，需要与相应的环境相匹配，其中包括资源环境、制度环境、市场环境和人文环境。创业者对外部环境的感知，是选择一定产业的前提条件，其中包括对地理因素（地形和空间距离）的评价、对创业环境的评价和对市场环境的评价。拥有产业领域内更多知识的人，对产业发展所需要的环境拥有更强的感知，这在很大程度上是一种习得性的机能，进而对某一产业领域内的创业机会具有更强的警觉。

（一）创业区位地形对返乡创业农民工产业选择的影响

返乡农民工的创业选择不仅受制于自己所占有的资源和禀赋，同时也受到外部环境的约束，返乡农民工只有在满足创业启动的基本条件时，创业活动才能顺利展开。大部分返乡创业农民工选择服务本地居民的业态，或者选择自己熟悉的种植业、养殖业等业态。返乡农民工的生计资本和外部环境对其业态选择有着重要的影响，正是由于其自身生计资本少、外部环境不佳，因此其业态选择难以多样化（甘宇，2019）。

返乡农民工在进行创业行业选择时，应该重点关注选择什么样的区位，并通过区位优势来降低该行业的创业成本，增加利润，区位不同，选择的行业也不同。农民工创业大多在农业范围内进行，主要受其家乡区位及固化在该区位的交通、基础设施等地理因素的影响，在一定程度上依据农业区位理论进行产业选择。农村工业的区位选择具有深刻的社会经济背景，工业区位理论对农村工业分布依然适用（杨晓光和樊杰，2009）。在本书中，我们将区位的地形分为平原、山地和丘陵三种类型，探索不同地形对农民工创业产业选择的影响。农业生产范围内的创业遵循农业生产规律，如果选择种植业或养殖业，一般会选择土地价格或者土地租金较低的地区，与平原相比，山地和丘陵的土地价格或租赁价格较低，一般倾向于选择山地和丘陵地区。相对于农业，商业和服务业需要与客户直接对接，客户的密度决定了创业的区位。平原具有相对较高的人口密度，客户也较多，而山地和丘陵地理位置偏远，交通不便利，人口密度小，对商业和服务业的需求较小，返乡创业农民工依据地形地貌，倾向于选择农业创业。因此，提出假设1：

假设1：山地和丘陵的返乡创业农民工较平原更倾向于选择农业创业。

（二）创业区位与县城、城镇和集镇距离对农民工创业产业选择的影响

依据农业区位理论，不同区位（圈层）的创业农民工选择的行业不仅依赖于土地资源的性质，而且依赖于创业农业产品与市场之间的距离（张明龙和周剑勇，2014）。目前我国城市周边的农业生产有明显的杜能圈的印记，农业产业的区位分布特征依然符合地理区位假说（董晓霞和Scott Rozzelle，2006）。因此，提出假设2：

假设2：与县城、城镇和集镇的距离越远，返乡创业农民工越倾向于在农业范围内创业。

（三）创业环境对农民工创业产业选择的影响

嵌入地理区位的环境影响农民工返乡创业的产业选择。第一，产业氛围。具有良好产业氛围的地区，比如产业集聚区、商业活动比较活跃的地区，能够促进创业冲动，并且农民工对创业机会的识别和产业选择也会受到产业氛围的影响。第二，市场环境。创业产品和服务需要在一个运营良好的市场环境条件下才能转化为利润，好的市场环境会激励农民工的选择行为。第三，政府制度环境和基础设施条件等与地理区位相关的要素直接影响农民工创业的选择行为。政府制度环境影响农民工的创业经营环境，基础设施影响农民工创业经营的便利性和创业经营的成本。

区域宏观环境会对农民工返乡创业产生重要影响，包括当地基础设施状况等"硬"环境以及当地的创业文化等"软"环境（胡俊波，2015）。王志勇等（2018）分析了农业上市公司的区位分布，研究结果表明，市场规模和市场潜力、农业资源要素、劳动力供给等因素显著正向影响农业企业的区位分布。朱文哲等（2015）分析了蔬菜产业的区位分布特征，认为影响蔬菜产业分布的因素是多方面的，主要包括市场因素、交通因素、技术因素和土地租金等。龙冬平等（2014）研究认为，地理区位影响制度环境，两者共同作用于产业环境，产业环境的区位差异影响企业管理者的区位决策行为，从而使创业者向优势区位聚集，形成产业集群。许多创业者的决策与区位属性具有显著的相关性，倾向于该区位能否获得劳动生产率的提高，如工人的技能、产业集群以及交通设施的完善程度

和便捷性。对于农产品，运输成本的上升促使农业创业者更加倾向于聚集，这使不同区位具有不同的属性与资质，使创业者经常在局部地点进行创业，而非均匀地分布在各个区位。除了对交通和人力因素的考虑，创业者也会考虑优质原材料低廉的成本、市场的优势等因素。在对经济因素的追求之外，创业者还有对文化根植性的追寻，这种嵌入区位的文化趋同和信任关系，使创业者能够获得稳定的合作网络和有效的创业保障，长久的社会资本和文化资本的积淀也是形成创业者选择区位和地理集中的关键因素。

一些创业行业需要时间和地方专有性知识，而这种知识嵌入一定的区位空间。Andersson（2005）对创业的空间特征进行分析，重点分析了创业和区位之间的关系，分析了创业区位与知识、创业与空间经济、土地市场、利润、租金和迁移、制度和创业，其研究认为，创业的空间分析应将重点放在创业选择的利润机会方面。此外，先前经验、创业资本、社会资本、资本环境、技术环境以及制度环境因素对农民工创业者在创业初期进行行业选择具有显著影响（李长峰和庄晋财，2014）。不同区位政府对创业的支持程度不同，政府扶持能够有效地影响农民工的创业成本、创业资源的可获得性和经营便利性，包括金融资源、劳动力、税收优惠等。政策环境显著影响农民工返乡创业选择（吴磊和郑风田，2012）。政府的服务质量也同样影响农民工返乡创业选择（杨其静和王宇锋，2010）。创业环境特征对返乡农民工创业行业选择具有显著影响，政府对某种创业行业的政策支持会极大地增强创业者选择该行业的创业意愿（魏凤和闫芃燕，2012）。此外，在"能人"带动下，在某一村域或镇域范围内形成专门的生产集聚，形成专业村或专业镇，对返乡农民工产业选择形成带动和示范效应，从而影响其产业选择（程伟，2011）。返乡创业农民工的产业选择还取决于产业的税收政策和区位的自然条件，尤其是农业，对自然条件的依赖性较强，并且离不开政府的扶持和管理，因而政府对农业的支持和管理往往是农民工返乡创业产业选择的关键。具体地，包括税收优惠、财政补贴、融资机会、土地的可获得性等产业扶持政策往往是返乡创业农民工选择产业的基础。返乡创业农民工的产业选择也受到产业环境的影响，包括地方的产业根基、知识扩散、产业经营者的社会化合作和专业化生产带来更多的信息和更大的市场，其中还包括竞争状况、企业协作、市场需求、企业的普遍规模等因素。因此，提出假设3：

假设3：创业区位的创业环境对返乡创业农民工的产业选择具有显著影响。

1. 交通便利条件对返乡创业农民工产业选择的影响

工业、商业和服务业创业不仅需要接近市场，更需要便利的交通、良好的基础设施和充沛的劳动力供给。此外，土地市场、利润、制度因素等也影响返乡创业农民工的产业选择。因此，提出假设3.1：

假设3.1：交通越便利的地方，返乡创业农民工越倾向于工业和商业领域创业。

2. 创业基础设施对返乡创业农民工产业选择的影响

基础设施是影响产业经营的主要因素之一，良好的基础设施能够更好地推广一些产业的经营。相对而言，工业和商业对基础设施的要求较高，农业相对较低。因此，对于一些具有良好基础设施的区位，返乡创业农民工倾向于选择工业和商业领域。因此，提出假设3.2：

假设3.2：基础设施较好区位的返乡创业农民工倾向于在工业和商业领域进行创业。

3. 本地创业积极性对返乡创业农民工产业选择的影响

本地创业积极性在一定程度上会影响返乡农民工创业的产业选择，在产业比较聚集的地区，尤其是工业（包括加工业）和商业企业密度比较大的地区，创业积极性一般较高，创业氛围比较强，因此，返乡农民工倾向于选择工业和商业领域创业。因此，提出假设3.3：

假设3.3：创业积极性较高的区位，返乡农民工倾向于选择工业和商业领域进行创业。

4. 同行聚集对返乡创业农民工产业选择的影响

在考虑到要素集聚空间差异的基础上，城郊区位比较容易接受城市的辐射，适宜发展资本农业型庄园经济，小城镇适宜发展非农产业创业，农村腹地适宜发展家庭农场创业（李朝晖和韩姝冰，2017）。学者普遍认为产业集聚对创业具有显著正向影响，但是没有学者比较工业、商业、服务业和农业之间的差异。相对而言，工业的集聚有利于共享产品生产技术和销售渠道，商业和服务业的集聚有利于共享客户，从而导致生产规模的扩大和更多创业者的进入。相对而言，农业经营者的聚集一般会形成大规模的产品聚集，产品生产者一般在客户和销售渠道方面是竞争关系，往往会对创业者进入该产业创业产生负面影响。因此，提出假设3.4：

假设3.4：相对于农业而言，工业、商业和服务业创业者的同行聚集能够显著激励返乡农民工进入该行业进行创业。

5. 政府的支持对返乡创业农民工产业选择的影响

在对政府产业支持的反应程度方面，产业之间是存在差异的，工业、商业和服务业一般对政府扶持的需求较大，并且在时间上比较集中。此外，不同产业的利润不一样，工业、商业、服务业的收益较高，并且获利较快。因此，返乡农民工在产业选择上，在同等政府扶持条件下，更倾向于选择工业、商业和服务业领域进行创业。因此，提出假设3.5：

假设3.5：相对于农业，在同等政府扶持条件下，返乡创业农民工更倾向于选择工业、商业和服务业领域进行创业。

6. 创业区位亲属创业个数对返乡创业农民工产业选择影响

亲属创业个数显著影响返乡创业农民工的产业选择，在不同行业创业的亲属在影响返乡农民工创业过程中的作用是不同的，在工商业领域创业的亲属一般倾向于扩大规模，相对竞争较小，因此倾向于正向影响返乡农民工在该行业内创业。相较而言，农业风险较大，并且经营周期较长，收益波动幅度较大，因此，亲属创业的个数对返乡创业农民工在该行业内创业产生负向影响。因此，提出假设3.6：

假设3.6：创业区位亲属创业个数对返乡创业农民工在工业、商业和服务业的影响强于农业。

二、变量与模型选择

（一）变量

1. 被解释变量

自变量定义与创业类型研究相同，本部分研究的因变量为返乡创业农民工的产业选择，我们使用分类变量，共分四类："1＝农业""2＝工业""3＝商业""4＝服务业"。

2. 解释变量

（1）年龄。年龄为被调研对象的实际年龄，以"岁"计量，用英文字母"age"表示。

（2）性别。如果被调研对象为男性，赋值"1"，女性则赋值"0"。

（3）文化程度。小学作为参照组，分为文盲、初中、高中及专科、本科及本科以上四大类。高中及专科我们用"highschool"表示，本科及本科以上我们用"college"表示。在计量分析过程中，我们以初中以下为参照系，为避免多重共线性，进入计量模型的只有高中及专科和本科及本科以上两个变量。

（4）创业时间。在调查过程中，创业时间如果超过半年我们就定义为一整年，即创业时间为整数"年"，用"duration"表示。

（5）创业区位（家乡区位）。①地形变量，包括平原、山地和丘陵，我们选择平原作为参照系，设置两个虚拟变量。山地用"mountain"表示，如果创业区位是山地，则"mountain"变量赋值为1，其他赋值为0。丘陵用"hills"表示，如果创业区位是丘陵地，则"hills"变量赋值为1，其他赋值为0。②距离变量，单位为千米。经营场所距离县城的距离用"dis‑county"表示，距离城镇用"dis‑town"表示，距离集镇用"dis‑market"表示。③创业环境类变量。a. 交通的便利性衡量农民工对创业区位交通便利性的评价，用"trans"表示，使用七分量表来衡量。b. 基础设施，同样使用七分量表来自评，用"infras"来表示。c. 本地居民的创业积极性，用"initiative"表示，同样使用七分量表来度量。d. 创业区位是否形成产业集聚，用"cluster"表示，使用虚拟变量，如果当地有大量的同行聚集，则"cluster"赋值为 1，否则赋值为 0。e. 政府支持程度，通过当地政府扶持创业的力度来评价，同样采用七分量表来衡量，用"support"表示。f. 本地创业的朋友个数，用"en-friends"表示。

（二）模型选择

本部分用多项 Logistic 回归，创业产业可以分为"农业""工业""商业"和"服务业"四类，因此假设因变量有 J 个类别，则多项 Logit 模型设定为：

$$P_{ij} = \frac{\exp^{x'_i \beta_m}}{\sum_{J=1}^{m} \exp(x'_i \beta_l)} \ (J = 1, \cdots, m)$$

上式中有两个限制条件：一是设定 $\sum_{J=1}^{m} P_{ij} = 1$，$0 \leqslant P_{ij} \leqslant 1$；二是需要设定一组为参照组，我们选定"农业"为参照组。

$$Pr(y_i = j \, or \, 1) = \frac{Pr(y_i = j)}{Pr(y_i = j) + Pr(y_i = 1)} = \frac{\exp(x'_i \beta_j)}{1 + \exp(x'_i \beta_j)}$$

多项 Logit 模型是二项 Logit 模型的扩展，任意两个选择单独组合都成为一个二项 Logit 模型。在本研究中，我们报告的系数为 RRR。要理解 RRR 首先要理解相对发生比，如下式：

$$RRR_{jk} = \frac{Pr(y_i = j \mid x_k + 1) / Pr(y = base \mid x_k + 1)}{Pr(y_i = j \mid x_k) / Pr(y = base \mid x_k)}$$

则在自变量不变情况下，相对发生比表达式为：

$$\frac{Pr(y_i = j)}{Pr(y_i = 1)} = \exp(x'_i \beta_j)$$

如果选择 y = 1 为参照比，那么发生 j 对比发生 1 的发生比为上式。相对发生比 RRR 表示当只有 x_k 发生变化而其他所有 x 都不变时发生比变化的倍数。

三、实证结果

（一）创业区位地形对返乡创业农民工产业选择的影响

如表 2-1 所示，山地地形对返乡创业农民工选择工业的影响显著，与平原相比，山地工业创业与农业创业的发生比增加 197.87%，这与我们的理论假设（假设 1）不符，其中可能的原因是：农民工从事的工业是一些简单的加工业，对技术和创新的要求不高，并且收益较低，而在平原地带，土地、基础设施和人工成本都比较高，从而影响其区位选择。与平原相比，山地的商业与农业比有所增加，说明山地更倾向于商业范围内的创业，虽然相对发生比不显著，但是与我们的假设相违背，其中的原因可能是：在山地地带，商业经营相对缺乏，返乡农民工在山地更愿意经营商业，从而获得更高的利润。与平原相比，山地服务业和农业的相对发生比在方向上符合理论假设，山地更倾向选择农业而不是服务业，但是发生比在统计上并不显著。

表 2-1　创业区位地形对农民工创业行业选择影响的多项 Logit 模型分析结果

变量	工业 vs. 农业				商业 vs. 农业				服务业 vs. 农业			
	RRR	Std. Err	z	P>｜z｜	RRR	Std. Err	z	P>｜z｜	RRR	Std. Err	z	P>｜z｜
age	1.0264	0.0219	1.22	0.221	0.9610	0.0167	-2.29	0.022	1.0548	0.0200	2.81	0.005
sex	0.5184	0.1870	-1.82	0.069	0.5096	0.1485	-2.31	0.021	0.4304	0.1381	-2.63	0.009
highschool	1.4778	0.5925	0.97	0.330	1.2347	0.3811	0.68	0.495	0.9527	0.3421	-0.13	0.893
college	2.3259	1.0923	1.80	0.072	0.9171	0.3498	-0.23	0.821	0.9727	0.4475	-0.06	0.952
duration	1.0006	0.0356	0.02	0.985	0.9612	0.0299	-1.27	0.204	0.9789	0.0304	-0.68	0.494
mountain	**2.9787**	1.7393	1.87	0.062	**1.3847**	0.7144	0.63	0.528	**5.41e-15**	3.82e-08	-0.00	1.000
LR chi2(18)	61.15											
Prob>chi2	0.0000											
Pseudo R²	0.0611											

注：在教育程度中，初中及初中以下为参照系。地形分为平原、山地和丘陵三类，平原为参照系。

如表 2-2 所示，与平原相比，丘陵地带的工业与农业相对发生比、商业和农业相对发生比、服务业和农业相对发生比都大于 1，证明在丘陵地带创业的农民工更倾向于选择工业、商业和服务业，这与我们的假设 1 不符，其中的原因可能是：在丘陵地带，商业和服务业相对稀缺，并且具备商业和服务业创业的优势资源，比如旅游、农家乐和一些休闲观光方面的创业，利润可观，因此给农民工返乡创业带来商机。

表 2-2　丘陵对返乡创业农民工产业选择影响的多项 Logit 模型分析

变量	工业 vs. 农业				商业 vs. 农业				服务业 vs. 农业			
	RRR	Std. Err	z	P>｜z｜	RRR	Std. Err	z	P>｜z｜	RRR	Std. Err	z	P>｜z｜
age	1.0217	0.0215	1.02	0.307	0.9592	0.0165	-2.41	0.016	1.0576	0.0201	2.95	0.003
sex	0.5293	0.1893	-1.78	0.075	0.5161	0.1503	-2.27	0.023	0.4253	0.1365	-2.66	0.008
highschool	1.5275	0.6054	1.07	0.285	1.2368	0.3815	0.69	0.491	0.9185	0.3294	-0.24	0.813
college	2.0794	0.9789	1.56	0.120	0.8636	0.3308	-0.38	0.702	0.9777	0.4512	-0.05	0.961
duration	0.9965	0.0350	-0.10	0.922	0.9610	0.0298	-1.28	0.202	0.9819	0.0306	-0.58	0.559
hills	**1.4647**	1.1674	0.48	0.632	**1.6011**	1.0551	0.71	0.475	1.5802	**1.1778**	0.61	0.539
LR chi2(18)	49.06											
Prob>chi2	0.0001											
Pseudo R^2	0.0490											

注：在教育程度中，初中及初中以下为参照系。地形分为平原、山地和丘陵三类，平原为参照系。

（二）与县城、城镇、集镇距离对返乡创业农民工产业选择的影响

如表 2-3 所示，与县城距离对工业、商业和服务业创业选择具有负向影响，距离每增加 1 千米，选择工业创业与农业创业的相对发生比降低 0.39%，商业和农业相对发生比降低 0.89%，服务业和农业相对发生比降低 2.25%，并且在 1% 统计水平上显著，验证了我们的假设 2。

表 2-3　与县城距离对返乡农民工创业类型选择影响的多项 Logit 模型分析结果

变量	工业 vs. 农业				商业 vs. 农业				服务业 vs. 农业			
	RRR	Std. Err	z	P>｜z｜	RRR	Std. Err	z	P>｜z｜	RRR	Std. Err	z	P>｜z｜
age	1.0192	0.0217	0.90	0.370	0.9582	0.0167	-2.44	0.015	1.0534	0.0203	2.70	0.007
sex	0.5400	0.1938	-1.72	0.086	0.5236	0.1533	-2.21	0.027	0.4426	0.1435	-2.51	0.012
highschool	1.3757	0.5505	0.80	0.425	1.1492	0.3585	0.45	0.656	0.8251	0.2991	-0.53	0.596
college	1.8639	0.8798	1.32	0.187	0.8138	0.3138	-0.53	0.593	0.8610	0.4003	-0.32	0.748
duration	0.9961	0.0351	-0.11	0.912	0.9599	0.0298	-1.31	0.189	0.9808	0.0309	-0.61	0.540
dis-county	**0.9828**	0.0088	-1.92	0.055	**0.9911**	0.0058	-1.52	0.128	**0.9775**	0.0082	-2.69	0.007
LR chi2(18)	58.56											
Prob>chi2	0.0000											
Pseudo R^2	0.0585											

注：在教育程度中，初中及初中以下为参照系。地形分为平原、山地和丘陵三类，平原为参照系。

如表 2-4 所示，在发生比的变化上，与乡镇距离的增加会降低创业农民工选择工业、商业和服务业的倾向，随着距离的增加，只有商业和农业的相对发生比变化显著，工业和服务业相对发生比在统计水平上并不显著。其中的原因可能是：乡镇相对于县城对工业、商业和服务业的需求并没有与空间距离更为密切。

表 2-4　与乡镇距离对返乡创业农民工产业选择影响的多项 Logit 模型分析结果

变量	工业 vs. 农业				商业 vs. 农业				服务业 vs. 农业			
	RRR	Std. Err	z	P>｜z｜	RRR	Std. Err	z	P>｜z｜	RRR	Std. Err	z	P>｜z｜
age	1.0192	0.0217	0.89	0.371	0.9572	0.0167	−2.50	0.012	1.0558	0.0203	2.82	0.005
sex	0.5409	0.1938	−1.71	0.086	0.5336	0.1564	−2.14	0.032	0.4309	0.1387	−2.61	0.009
highschool	1.4844	0.5901	0.99	0.320	1.2031	0.3739	0.60	0.552	0.8988	0.3234	−0.30	0.767
college	2.1283	0.9965	1.61	0.107	0.9240	0.3535	−0.21	0.836	1.0027	0.4620	0.01	0.995
duration	0.9976	0.0352	−0.07	0.947	0.9647	0.0302	−1.14	0.253	0.9823	0.0307	−0.57	0.568
dis-town	**0.9810**	0.0164	−1.14	0.255	**0.9695**	0.0130	−2.30	0.021	**0.9876**	0.0139	−0.88	0.380
LR chi2(18)	54.39											
Prob>chi2	0.0000											
Pseudo R^2	0.0543											

注：在教育程度中，初中及初中以下为参照系。地形分为平原、山地和丘陵三类，平原为参照系。

如表 2-5 所示，随着与集镇距离的增加，返乡农民工在工业、商业和服务业领域的创业倾向降低，但是在统计上并不显著。其中的原因可能是集镇相对集中了乡村所有的工业、商业和服务业，而与集镇的距离对创业农民工的选择并没有影响。

表 2-5　与集镇距离对农民工创业产业选择影响的多项 Logit 模型分析结果

变量	工业 vs. 农业				商业 vs. 农业				服务业 vs. 农业			
	RRR	Std. Err	z	P>｜z｜	RRR	Std. Err	z	P>｜z｜	RRR	Std. Err	z	P>｜z｜
age	1.0194	0.0216	0.91	0.364	0.9583	0.0166	−2.45	0.014	1.0545	0.0201	2.78	0.005
sex	0.5491	0.1970	−1.67	0.095	0.5231	0.1528	−2.22	0.027	0.4449	0.1432	−2.51	0.012
highschool	1.5063	0.5975	1.03	0.302	1.2166	0.3755	0.64	0.525	0.9104	0.3269	−0.26	0.794

续表

变量	工业 vs. 农业				商业 vs. 农业				服务业 vs. 农业			
	RRR	Std. Err	z	P>｜z｜	RRR	Std. Err	z	P>｜z｜	RRR	Std. Err	z	P>｜z｜
college	2.1303	0.9944	1.62	0.105	0.8845	0.3367	−0.32	0.747	1.0086	0.4629	0.02	0.985
duration	1.0008	0.0355	0.02	0.981	0.9642	0.0302	−1.16	0.247	0.9862	0.0311	−0.44	0.661
dis-market	**0.9849**	0.0180	−0.83	0.407	**0.9948**	0.0085	−0.60	0.550	**0.9778**	0.0171	−1.27	0.203
LR chi2(18)	51.97											
Prob>chi2	0.0000											
Pseudo R^2	0.0519											

注：在教育程度中，初中及初中以下为参照系。地形分为平原、山地和丘陵三类，平原为参照系。

（三）创业区位创业环境对返乡创业农民工产业选择的影响

1. 创业区位交通便利条件对返乡创业农民工产业选择的影响

如表2-6所示，创业区位交通便利性每增加1个单位，返乡创业农民工选择工业和农业的相对发生比增加51.1%，相对发生比变化在5%统计水平上显著；选择商业和农业的相对发生比增加47.74%，且在1%统计水平上显著；服务业和农业的相对发生比增加109.17%，在1%统计水平上显著。这验证了我们的假设3.1。

表2-6　创业区位交通便利条件对返乡创业农民工产业选择影响的多项 Logit 模型分析

变量	工业 vs. 农业				商业 vs. 农业				服务业 vs. 农业			
	RRR	Std. Err	z	P>｜z｜	RRR	Std. Err	z	P>｜z｜	RRR	Std. Err	z	P>｜z｜
age	1.0245	0.0218	1.14	0.255	0.9594	0.0166	−2.38	0.017	1.0667	0.0215	3.20	0.001
sex	0.5509	0.1996	−1.64	0.100	0.5446	0.1624	−2.04	0.042	0.4501	0.1510	−2.38	0.017
highschool	1.4048	0.5629	0.85	0.396	1.1199	0.3514	0.36	0.718	0.8284	0.3094	−0.50	0.614
college	3.0269	1.4851	2.26	0.024	1.1981	0.4757	0.46	0.649	1.8829	0.9314	1.28	0.201
duration	1.0096	0.0364	0.27	0.789	0.9725	0.0310	−0.87	0.383	1.0001	0.0333	0.00	0.996
trans	**1.5110**	0.2087	2.99	0.003	**1.4774**	0.1588	3.63	0.000	**2.0917**	0.2966	5.20	0.000
LR chi2(18)	84.24											
Prob>chi2	0.0000											
Pseudo R^2	0.0841											

注：在教育程度中，初中及初中以下为参照系。地形分为平原、山地和丘陵三类，平原为参照系。

2. 创业区位基础设施对返乡创业农民工产业选择影响

如表 2-7 所示，基础设施条件的改善推动农民工选择门槛相对较高的工业、商业和服务业进行创业，基础设施条件每增加 1 个单位，工业与农业的相对发生比、商业与农业的相对发生比和服务业与农业的相对发生比分别增加 37.15%（p=0.015）、28.43%（p=0.013）、47.38%（p=0.001）。这验证了我们的假设 3.2。

表 2-7 创业区位基础设施条件对返乡创业农民工产业选择的影响

变量	工业 vs. 农业				商业 vs. 农业				服务业 vs. 农业			
	RRR	Std. Err	z	P>|z|	RRR	Std. Err	z	P>|z|	RRR	Std. Err	z	P>|z|
age	1.0247	0.0218	1.15	0.251	0.9605	0.0165	-2.33	0.020	1.0627	0.0205	3.15	0.002
sex	0.5106	0.1843	-1.86	0.063	0.5071	0.1490	-2.31	0.021	0.4020	0.1310	-2.80	0.005
highschool	1.4910	0.5944	1.00	0.316	1.1997	0.3722	0.59	0.557	0.8917	0.3235	-0.32	0.752
college	2.4475	1.1646	1.88	0.060	0.9905	0.3823	-0.02	0.980	1.1893	0.5558	0.37	0.711
duration	1.0024	0.0355	0.07	0.946	0.9637	0.0302	-1.18	0.239	0.9891	0.0312	-0.35	0.729
infras	**1.3715**	0.1790	2.42	0.015	**1.2843**	0.1289	2.49	0.013	**1.4738**	0.1800	3.18	0.001
LR chi2(18)	62.21											
Prob>chi2	0.0000											
Pseudo R²	0.0621											

注：在教育程度中，初中及初中以下为参照系。地形分为平原、山地和丘陵三类，平原为参照系。

3. 创业区位创业积极性对返乡创业农民工产业选择的影响

如表 2-8 所示，创业区位创业积极性显著提升返乡创业农民工选择工业、商业和服务业创业的倾向，创业区位创业积极性每增加 1 个单位，工业与农业的相对发生比、商业与农业的相对发生比和商业与农业的相对发生比分别增加 35.18%，33.38% 和 55.97%，相对发生比变化的显著性分别是 5%、1% 和 1%。这验证了我们的假设 3.3。

4. 创业区位是否形成同行聚集对返乡创业农民工产业选择的影响

如表 2-9 所示，商业和服务业的空间集聚能够提高返乡创业农民工选择商业与农业和服务业与农业的相对发生比，降低选择工业与农业的相对发生比。但是与农业的相对发生比的变化并不显著。部分支持假设 3.4。这其中的原因是：如

表 2-8　创业区位创业积极性对返乡创业农民工产业选择影响的多项 **Logit** 模型分析

变量	工业 vs. 农业				商业 vs. 农业				服务业 vs. 农业			
	RRR	Std. Err	z	P>｜z｜	RRR	Std. Err	z	P>｜z｜	RRR	Std. Err	z	P>｜z｜
age	1.0245	0.0217	1.14	0.253	0.9610	0.0166	-2.30	0.022	1.0628	0.0205	3.15	0.002
sex	0.5440	0.1955	-1.69	0.090	0.5309	0.1561	-2.15	0.031	0.4399	0.1430	-2.53	0.012
highschool	1.5167	0.6046	1.04	0.296	1.2142	0.3774	0.62	0.532	0.9217	0.3355	-0.22	0.823
college	2.3641	1.1178	1.82	0.069	0.9656	0.3704	-0.09	0.927	1.2154	0.5663	0.42	0.675
duration	0.9888	0.0350	-0.32	0.751	0.9530	0.0299	-1.53	0.126	0.9702	0.0308	-0.95	0.342
initiative	**1.3518**	**0.1991**	**2.05**	**0.041**	**1.3338**	**0.1494**	**2.57**	**0.010**	**1.5597**	**0.2134**	**3.25**	**0.001**
LR chi2(18)	62.15											
Prob>chi2	0.0000											
Pseudo R^2	0.0621											

注：在教育程度中，初中及初中以下为参照系。地形分为平原、山地和丘陵三类，平原为参照系。

果当地已经形成了商业和服务业的空间集聚，农民工返乡创业倾向于错位竞争，选择与商业和服务业具有差异的产业，比如做一些相应配套的加工产业等，避开已经大量存在、竞争激烈的商业和服务业的空间竞争。

表 2-9　创业区位是否形成同行集聚对返乡创业农民工产业
选择影响的多项 **Logit** 模型分析结果

变量	工业 vs. 农业				商业 vs. 农业				服务业 vs. 农业			
	RRR	Std. Err	z	P>｜z｜	RRR	Std. Err	z	P>｜z｜	RRR	Std. Err	z	P>｜z｜
age	1.0218	0.0217	1.02	0.310	0.9606	0.0165	-2.33	0.020	1.0587	0.0201	2.99	0.003
sex	0.5393	0.1935	-1.72	0.085	0.5104	0.1488	-2.31	0.021	0.4150	0.1334	-2.73	0.006
highschool	1.5154	0.6000	1.05	0.294	1.2288	0.3801	0.67	0.505	0.9296	0.3341	-0.20	0.839
college	2.2099	1.0423	1.68	0.093	0.8809	0.3345	-0.33	0.738	0.9659	0.4451	-0.08	0.940
duration	0.9941	0.0349	-0.17	0.867	0.9595	0.0298	-1.33	0.184	0.9815	0.0305	-0.60	0.550
cluster	0.7749	0.2610	-0.76	0.449	1.2904	0.3438	0.96	0.339	1.4031	0.4321	1.10	0.271
LR chi2(18)	52.02											
Prob>chi2	0.0000											
Pseudo R^2	0.0519											

注：在教育程度中，初中及初中以下为参照系。地形分为平原、山地和丘陵三类，平原为参照系。

5. 创业区位政府支持对返乡创业农民工产业选择的影响

如表 2-10 所示，创业区位政府支持在一定程度上能够提高返乡创业农民工选择工业和商业的倾向，但会降低选择服务业的倾向。创业区位政府支持力度每提高 1 个单位，工业和农业的相对发生比、商业和农业的相对发生比分别会增加 20.55%、7.35%，相对发生比的变化在统计上不显著。这部分支持我们的假设3.5。其中可能的原因在于：政府扶持一般是建立在当地主导和优势产业基础上，不一定是工业、商业和服务业，有可能在当地特色农业范围内创业会成为政府扶持的重点，因此，工业、商业和服务业相对农业的相对发生比在统计上并不显著。

表 2-10 创业区位政府支持对返乡创业农民工产业
选择影响的多项 Logit 模型分析结果

变量	工业 vs. 农业				商业 vs. 农业				服务业 vs. 农业			
	RRR	Std. Err	z	P>|z|	RRR	Std. Err	z	P>|z|	RRR	Std. Err	z	P>|z|
age	1.0232	0.0219	1.07	0.285	0.9596	0.0165	-2.39	0.017	1.0567	0.0199	2.92	0.003
sex	0.5510	0.1982	-1.66	0.098	0.5213	0.1520	-2.23	0.026	0.4162	0.1339	-2.72	0.006
highschool	1.5166	0.6044	1.05	0.296	1.2260	0.3787	0.66	0.509	0.9214	0.3298	-0.23	0.819
college	2.0792	0.9796	1.55	0.120	0.8761	0.3338	-0.35	0.729	1.0153	0.4660	0.03	0.973
duration	0.9936	0.0351	-0.18	0.857	0.9590	0.0297	-1.35	0.179	0.9813	0.0304	-0.61	0.544
support	1.2055	0.1509	1.49	0.136	1.0735	0.1040	0.73	0.464	0.9451	0.1031	-0.52	0.605
LR chi2(18)	52.22											
Prob>chi2	0.0000											
Pseudo R^2	0.0521											

注：在教育程度中，初中及初中以下为参照系。地形分为平原、山地和丘陵三类，平原为参照系。

6. 创业区位亲属创业个数对返乡创业农民工产业选择的影响

如表 2-11 所示，创业区位亲属创业相对降低农民工选择工业、商业和服务业的倾向，创业区位亲属创业个数增加 1 个单位，商业和农业的相对发生比显著降低。这与我们的假设 3.6 不符。其中可能的原因在于：①当亲属在同一行业创业时，会面临创业资源的竞争，因此会降低同行创业的倾向；②工业、商业和服务业投资较为集中，并且投资额较大，为了降低借贷的可能性，一般不会选择工业等投资较大的产业创业；③"同行是冤家"的效应导致在同行业创业的个数影响了返乡创业农民工对工业、商业和服务业的选择。

表 2-11　创业区位亲属创业个数对返乡创业农民工产业
选择影响的多项 Logit 模型分析结果

变量	工业 vs. 农业				商业 vs. 农业				服务业 vs. 农业			
	RRR	Std. Err	z	P>|z|	RRR	Std. Err	z	P>|z|	RRR	Std. Err	z	P>|z|
age	1.0187	0.0216	0.87	0.382	0.9536	0.0168	−2.69	0.007	1.0543	0.0202	2.76	0.006
sex	0.5294	0.1895	−1.78	0.076	0.5193	0.1531	−2.22	0.026	0.4252	0.1365	−2.66	0.008
highschool	1.5081	0.5984	1.04	0.300	1.1872	0.3711	0.55	0.583	0.9057	0.3252	−0.28	0.783
college	2.1658	1.0101	1.66	0.098	0.9017	0.3466	−0.27	0.788	1.0240	0.4696	0.05	0.959
duration	1.0033	0.0359	0.09	0.926	0.9774	0.0309	−0.72	0.470	0.9889	0.0314	−0.35	0.727
en-friends	0.6742	**0.2329**	−1.14	0.254	**0.4424**	0.1213	−2.97	0.003	**0.6631**	0.2061	−1.32	0.186
LR chi2(18)	57.48											
Prob>chi2	0.0000											
Pseudo R^2	0.0574											

注：在教育程度中，初中及初中以下为参照系。地形分为平原、山地和丘陵三类，平原为参照系。

四、研究结论

综上所述，地形并不是影响农民工返乡创业产业选择的主要因素，相反，当地创业环境中的交通便利条件、基础设施条件、创业积极性是影响农民工返乡创业产业选择的显著因素。产业集聚对返乡创业农民工选择工业、商业和服务业的影响并不显著；政府支持对返乡创业农民工选择工业、商业的影响并不显著；创业朋友的个数相对降低返乡创业农民工选择工业、商业创业的概率。

第二节　打工区位对创业农民工产业选择的影响

一、文献综述与理论假设

农民工返乡创业的产业选择对农村经济发展以及乡村产业振兴具有十分重要的意义，本节着重探讨打工区位对农民工返乡创业产业选择的影响。相关研究发现：外出务工经历影响返乡创业农民工行业选择（刘新智和刘雨松，2015）。对政府政策的评价、农业规模化经营的政府支持力度和对基础设施的评价都影响农民工选择农业创业。适宜的政策环境能够提升返乡农民工创业的积极性，不适宜的政策环境会增加创业成本，降低创业的积极性（黄兆信、曾纪瑞，2012）。政府支持创业政策能够促进农民工回乡创业（吴磊和郑风田，2012）。包含创业项目、创业政策、创业形式和资金筹措渠道等因素的社会资本在农民工返乡创业中作用显著（刘苓玲和徐雷，2012）。先前的经验，尤其是在某一行业的经验，比如农民工先前的打工经验会影响其创业产业选择。打工经验来源于打工区位，是打工区位创业氛围、制度氛围、物质环境（包括交通便利性、基础设施、土地和厂房）、产业氛围、文化精神和创业网络等的集体作用。打工地的经验获得大多是通过外地弱连接实现的，通过弱连接直接或间接向农民工传递创业人力资本，通过互动、感知、"干中学"等措施形成社会经验、管理经验、创业行业技术等，创业人力资本的提升提高了返乡农民工创业产业选择能力。

但是，农民工处于打工区位的社会关系网络中，面临信任问题。信任程度的增加可以加深信息交换的深度和丰富性，从而带来更有价值的产业信息。但是，农民工和其在打工地认识的人的流动性较强，并且也带有乡村社会关系的"差序格局"特征，关系人之间不能产生稳定的期望和责任关系，也就使打工形成的社会关系网络难以建立信任关系，并且这种弱连接随着农民工返乡而减弱。因此，打工地的弱连接所能带来的资源和产业信息都十分有限，对农民工返乡创业的产业选择的影响有限。

打工区位对农民工返乡创业产业选择的影响主要通过以下三个途径：首先，打工经历有助于提升返乡农民工创业产业选择的质量，农民工在打工过程中，能够接触和学习到不同的创业知识和技能，提升自己识别创业机会的能力和运营管理能力（庄晋财和杨宇哲，2020），从而倾向于选择高利润和高风险的产业创业。另外，打工收入的不确定性使农民工不能在打工地获得体面的生活，从而选择具有较高投机性的行业进行创业（贺雪峰，2020）。其次，随着农民工在打工地学习和社会交往过程中的"干中学"，知识技能水平得到提高，进而使人力资本水平得到提高，人力资本存量得到提升，这在一定程度上提高了农民工返乡创业对产业机会的把握，从而有助于找到合适的机会进行创业。最后，返乡农民工从打工区位学习获得技能、运营管理能力、管理经验、组织经验和冒险精神，从而为深入判断和把握创业机会提供了基础。

（一）打工区位与创业区位的距离对返乡创业农民工产业选择的影响

随着要素流动和人口流动，创业不仅仅是一个单独的区位活动，而且是一个跨区位的活动，尤其是农民工返乡创业，更涉及打工区位和创业区位两个区位的影响。打工区位影响返乡创业农民工的产业选择。首先，打工区位主导产业直接或间接影响返乡农民工的创业经验，使其在一定程度上形成某种产业的创业知识，随着区位转变，这种知识潜移默化地影响农民工创业的产业选择。其次，打工区位的创业氛围、创业环境和政府对创业的支持能够刺激返乡创业农民工的创业意愿，这种意愿推动农民工产生对打工区位创业的学习和模仿，并形成创业产业选择冲动。最后，打工区位的社会资本能够为返乡创业农民工提供知识、信息和资本方面的支持，间接克服农民工创业的资本和技术门槛，方便其进入某类行业进行创业。因此，提出假设1：

假设1：打工区位与创业区位的距离显著影响返乡创业农民工的产业选择。

（二）打工区位创业环境对返乡创业农民工产业选择的影响

打工区位创业环境是影响打工区位当地居民创业活动的重要外部因素，创业环境越好，当地创业活动就越发达，创业活动较为发达的地区一般都拥有较高的创业氛围，在该氛围内打工，通过嵌入该氛围内部的社会网络的非互动式学习，从而获得及产生知识（Johannes Glückler，2013），尤其是创业知识经验和产业选择的经验判断。因此，提出假设2：

假设2：打工区位创业环境显著影响返乡创业农民工产业选择。

1. 打工区位交通便利条件对返乡创业农民工产业选择的影响

一般来说，交通便利的区位往往聚集着商业和工业，农民工在该地打工，有更多的机会接触工业和商业的经营与市场信息，并且积累一部分工业生产和商业交易的信息和经验，往往返乡后倾向于在商业和服务业行业创业。而且，交通的便利也使市场交易比较活跃，商业活动比较频繁，在该环境内打工的农民工相对熟悉商业和服务业的经营状况，从而能够积累相应的商业和服务业的从业经验，因此返乡后倾向于在商业和服务业行业内创业。因此，提出假设2.1：

假设2.1：打工区位交通比较便利的返乡创业农民工倾向于在商业和服务业行业内创业。

2. 打工区位基础设施对返乡创业农民工产业选择的影响

基础设施好的打工区位一般是工业、商业和服务业比较密集的地区，在该范围内打工，容易了解和获得该行业的经营经验和技术，返乡后倾向于在这些行业内创业，而不倾向于选择农业。因此，提出假设2.2：

假设2.2：打工区位基础设施较好的返乡创业农民工更倾向于选择在工业、商业和服务业范围内创业。

3. 打工区位创业积极性对返乡创业农民工产业选择的影响

打工区位创业积极性不仅能给返乡创业农民工提供创业的动力，还能影响其产业选择。打工区位一般是工业、商业和服务业比较发达的地区，该地区居民创业的积极性无疑会影响返乡农民工的创业积极性。因此，提出假设2.3：

假设2.3：打工区位创业积极性显著正向影响返乡农民工在工业、商业和服务业范围内创业。

4. 打工区位创业支持程度对返乡创业农民工产业选择的影响

打工区位对创业的支持使打工的区位创业活动活跃，推动产业创业活动。打工区位一般是工业、商业和服务业比较密集的地方，因此农民工所能获得的只是工业、商业和服务业所涉及的经验和技术，通过耳濡目染和口碑相传所得到的创业经验和技术在其返乡创业过程中会影响其产业选择行为，因此，提出假设2.4：

假设2.4：打工区位创业支持程度显著提升返乡农民工在工业、商业和服务业范围内的创业倾向。

5. 打工区位朋友创业个数对返乡创业农民工产业选择的影响

相比农业，工业创业投资较大，投资周期较长，商业和服务业投资较少，并且投资周期较短。打工区位的朋友更多的是在工业、商业和服务业范围内创业，其创业的经验和技术会在一定程度上传递给返乡农民工。因此，返乡农民工在创业产业选择中，受到打工区位朋友的影响，倾向于选择在工业、商业和服务业范围内创业。因此，提出假设2.5：

假设2.5：打工区位创业朋友个数越多，返乡创业农民工越倾向于选择在工业、商业和服务业范围内创业。

二、变量与模型选择

（一）变量

1. 被解释变量

自变量定义与创业类型研究相同，本部分研究的因变量为返乡创业农民工的产业选择，我们使用分类变量，共分四类："1＝农业""2＝工业""3＝商业""4＝服务业"。

2. 解释变量

（1）年龄。年龄为被调研对象的实际年龄，以"岁"计量，用英文"age"表示。

（2）性别。如果被调研对象为男性，赋值"1"，女性则赋值"0"。

（3）文化程度。小学作为参照组，分为初中以下、高中及专科、专科以上。高中及专科我们用"highschool"表示，专科以上我们用"college"表示。在计量分析过程中，我们以初中以下为参照系，为避免多重共线性，进入计量模型的只有高中及专科和专科以上两个变量。

（4）创业时间。在调查过程中，创业时间为整数"年"，用"duration"表示，如果超过半年我们就定义为一整年。

（5）打工区位变量。我们以打工者印象最深、打工时间最长的打工区位距离家乡创业区位的距离作为该变量的度量，用"migrate-dis"表示，单位为千米。

（6）打工区位创业环境变量。该变量包含五个分变量：①打工区位交通便利条件，使用7分量表衡量，用"mig-trans"表示。②打工基础设施条件，使用7分量表衡量，用"mig-infras"表示。③打工区位创业积极性，使用7分量表衡量，用"mig-initiative"表示。④打工区位政府对创业的支持程度，用7分量表衡量，用"mig-support"表示。⑤打工区位创业朋友数，用"mig-friends"表示。

（二）模型选择

本部分用多项logistic回归，创业产业可以分为"农业""工业""商业"和"服务业"四类，因此假设因变量有J个类别，则多项Logit模型设定为：

$$P_{ij} = \frac{\exp^{x'_i \beta_m}}{\sum_{J=1}^{m} \exp(x'_i \beta_1)} \quad (J=1, \cdots, m)$$

上式中有两个限制条件：一是设定 $\sum_{J=1}^{m} P_{ij} = 1$，$0 \leqslant P_{ij} \leqslant 1$；二是需设定一组为参照组，我们选定"农业"为参照组。

$$Pr(y_i = j\, or\, 1) = \frac{Pr(y_i = j)}{Pr(y_i = j) + Pr(y_i = 1)} = \frac{\exp(x'_i \beta_j)}{1 + \exp(x'_i \beta_j)}$$

多项Logit模型是二项Logit模型的扩展，任意两个选择单独组合都成为一个二项Logit模型。在本研究中，我们报告的系数为RRR。要理解RRR首先要理解相对发生比，如下式：

$$RRR_{jk} = \cfrac{\cfrac{Pr(y_i=j \mid x_k+1)}{Pr(y=base \mid x_k+1)}}{\cfrac{Pr(y_i=j \mid x_k)}{Pr(y=base \mid x_k)}}$$

则在自变量不变情况下，相对发生比表达式为：

$$\frac{Pr(y_i=j)}{Pr(y_i=1)} = \exp(x'_i \beta_j)$$

如果选择 $y=1$ 为参照比，那么发生 j 对比发生 1 的发生比为上式。相对发生比 RRR 表示当只有 x_k 发生变化而其他所有 x 都不变时发生比变化的倍数。

三、实证结果

（一）打工区位与家乡距离对返乡创业农民工产业选择的影响

如表 2-12 所示：①打工区位与家乡区位的距离在 5% 显著性水平上，距离每增加 1 千米，则工业和农业的发生比就降低 0.1%，表明打工区位与家乡的距离降低农民工工业与农业的选择比，即降低农民工选择在工业范围内创业的概率，影响程度较小。其中可能的原因在于：一方面，一般来说，在工业范围内创业风险较大，如果是依靠在打工区位的经验和学习而选择在工业范围内创业，其需要持续地学习才有效，而这种持续的学习和交流受到空间距离的影响，距离越近，交流就越频繁和有效；另一方面，工业相对农业投资较大，需要打工区位朋友圈的支持，空间距离远割裂了社会关系，不能满足工业内创业的资金需求，因此在一定程度上降低了工业与农业选择的发生比。②打工区位与家乡区位的距离对农民工创业产业的选择并没有显著影响。其中可能的原因在于：首先，空间距离割裂了社会关系网络，使打工区位朋友圈对返乡农民工创业的支持力度降到最低。其次，打工地弱连接的资源获得也随着空间距离的增大而降低。最后，地区特殊的产业空间分布差异，使家乡区位与打工区位存在差异，因此，返乡创业农民工选择创业产业时依然依据家乡区位的社会和经济环境、资源禀赋以及产业发展环境。

表2-12　打工区位与家乡距离对返乡创业农民工产业
选择影响的多项 Logit 模型分析

变量	工业 vs. 农业				商业 vs. 农业				服务业 vs. 农业			
	RRR	Std. Err	z	P> |z|	RRR	Std. Err	z	P> |z|	RRR	Std. Err	z	P> |z|
age	1.0256	0.0220	1.18	0.238	0.9585	0.0166	−2.44	0.015	1.0584	0.0202	2.98	0.003
sex	0.4955	0.1785	−1.95	0.051	0.5212	0.1522	−2.23	0.026	0.4206	0.1350	−2.70	0.007
highschool	1.3839	0.5537	0.81	0.417	1.2590	0.3906	0.74	0.458	0.9092	0.3279	−0.26	0.792
college	1.9865	0.9361	1.46	0.145	0.8863	0.3378	−0.32	0.752	1.0034	0.4599	0.01	0.994
duration	0.9893	0.0352	−0.30	0.764	0.9602	0.0298	−1.30	0.193	0.9804	0.0305	−0.63	0.527
mig-dis	**0.9990**	0.0003	−2.27	0.023	**1.0002**	0.0002	1.20	0.231	**0.9999**	0.0002	−0.31	0.758
LR chi2(18)	59.44											
Prob>chi2	0.0000											
Pseudo R^2	0.0593											

注：在教育程度中，初中及初中以下为参照系。地形分为平原、山地和丘陵三类，平原为参照系。

（二）打工区位创业环境对返乡创业农民工产业选择的影响

1. 打工区位交通便利条件对返乡创业农民工产业选择的影响

如表2-13所示，打工区位交通便利条件显著影响农民工选择工业、商业和服务业的倾向，打工区位交通便利条件每增加1个单位，工业和农业的相对发生比、商业和农业的相对发生比、服务业和农业的相对发生比分别增加33.17%、54.21%和62.72%，相对发生比的变化分别在5%、1%和1%统计水平上显著。这与我们的假设2.1相符。

表2-13　打工区位交通便利条件对返乡创业农民工产业
选择影响的多项 Logit 模型分析

变量	工业 vs. 农业				商业 vs. 农业				服务业 vs. 农业			
	RRR	Std. Err	z	P> |z|	RRR	Std. Err	z	P> |z|	RRR	Std. Err	z	P> |z|
age	1.0211	0.0213	1.00	0.316	0.9568	0.0169	−2.49	0.013	1.0582	0.0205	2.91	0.004
sex	0.5449	0.1964	−1.68	0.092	0.5520	0.1657	−1.98	0.048	0.4409	0.1453	−2.48	0.013
highschool	1.4965	0.5976	1.01	0.313	1.1807	0.3738	0.52	0.600	0.9206	0.3388	−0.22	0.822
college	2.7356	1.3107	2.10	0.036	1.2024	0.4773	0.46	0.642	1.5633	0.7483	0.93	0.351

续表

变量	工业 vs. 农业				商业 vs. 农业				服务业 vs. 农业			
	RRR	Std. Err	z	P>|z|	RRR	Std. Err	z	P>|z|	RRR	Std. Err	z	P>|z|
duration	1.0090	0.0361	0.25	0.801	0.9795	0.0312	-0.65	0.517	1.0019	0.0324	0.06	0.953
mig-trans	**1.3317**	**0.1557**	**2.45**	**0.014**	**1.5421**	**0.1540**	**4.34**	**0.000**	**1.6272**	**0.1805**	**4.39**	**0.000**
LR chi2(18)	77.77											
Prob>chi2	0.0000											
Pseudo R^2	0.0776											

注：在教育程度中，初中及初中以下为参照系。地形分为平原、山地和丘陵三类，平原为参照系。

2. 打工区位基础设施对返乡创业农民工产业选择的影响

如表 2-14 所示：①打工区位基础设施状况降低工业与农业的相对风险比，但统计上并不显著，这与我们的假设不符；②打工区位基础设施提高了服务业与农业的相对发生比，并在 10% 统计水平上显著；③打工区位基础设施的状况影响返乡创业农民工对服务业的选择倾向，对打工区位基础设施的评价每增加 1 个单位，则服务业对农业的相对发生比增加 24.72%，并且发生比的变化在 10% 统计水平上显著。

表 2-14　打工区位基础设施对返乡创业农民工产业选择影响的多项 Logit 模型分析

变量	工业 vs. 农业				商业 vs. 农业				服务业 vs. 农业			
	RRR	Std. Err	z	P>|z|	RRR	Std. Err	z	P>|z|	RRR	Std. Err	z	P>|z|
age	1.0198	0.0209	0.96	0.338	0.9579	0.0166	-2.47	0.013	1.0594	0.0203	3.00	0.003
sex	0.5196	0.1859	-1.83	0.067	0.5205	0.1519	-2.24	0.025	0.4256	0.1370	-2.65	0.008
highschool	1.5225	0.6045	1.06	0.290	1.1893	0.3685	0.56	0.576	0.9059	0.3258	-0.27	0.784
college	2.0328	0.9516	1.52	0.130	0.9650	0.3705	-0.09	0.926	1.1938	0.5584	0.38	0.705
duration	0.9936	0.0348	-0.18	0.855	0.9638	0.0301	-1.17	0.240	0.9873	0.0310	-0.41	0.685
mig-infras	**0.9404**	0.1199	-0.48	0.630	**1.1882**	0.1216	1.69	0.092	**1.2472**	0.1450	1.90	0.057
LR chi2(18)	55.52											
Prob>chi2	0.0000											
Pseudo R^2	0.0554											

注：在教育程度中，初中及初中以下为参照系。地形分为平原、山地和丘陵三类，平原为参照系。

3. 打工区位创业积极性对返乡创业农民工产业选择的影响

如表2-15所示：①打工区位创业积极性越高，工业与农业的相对发生比就越低，即打工区位创业积极性降低了返乡创业农民工选择工业的概率；②打工区位创业积极性显著提升商业与农业的发生比，创业积极性每增加1个单位，商业与农业发生比增加18.60%，并且在10%的统计水平上显著；③打工区位创业积极性显著提升返乡创业农民工选择服务业与农业的发生比，创业积极性每增加1个单位，服务业与农业的相对发生比增加10.62%，并且在10%统计水平上显著。

综上所述，实证结果部分支持我们的假设3.3。

表2-15 打工区位创业积极性对返乡创业农民工产业
选择影响的多项 Logit 模型分析

变量	工业 vs. 农业				商业 vs. 农业				服务业 vs. 农业			
	RRR	Std. Err	z	P>｜z｜	RRR	Std. Err	z	P>｜z｜	RRR	Std. Err	z	P>｜z｜
age	1.0216	0.0211	1.03	0.301	0.9584	0.0166	-2.43	0.015	1.0586	0.0202	2.99	0.003
sex	0.4977	0.1802	-1.93	0.054	0.5400	0.1583	-2.10	0.036	0.4382	0.1415	-2.55	0.011
highschool	1.4976	0.5950	1.02	0.309	1.2628	0.3905	0.75	0.451	0.9337	0.3354	-0.19	0.849
college	2.0766	0.9682	1.57	0.117	0.9359	0.3584	-0.17	0.863	1.0629	0.4902	0.13	0.895
duration	0.99757	0.0351	-0.07	0.945	0.9575	0.0298	-1.39	0.165	0.9790	0.0304	-0.68	0.497
mig-initia	**0.8959**	**0.1136**	**-0.87**	**0.387**	**1.1860**	**0.1198**	**1.69**	**0.091**	**1.1062**	**0.1309**	**0.85**	**0.394**
LR chi2 (18)	54.26											
Prob>chi2	0.0000											
Pseudo R^2	0.0542											

注：在教育程度中，初中及初中以下为参照系。地形分为平原、山地和丘陵三类，平原为参照系。

4. 打工区位创业支持程度对返乡创业农民工产业选择的影响

如表2-16所示，打工区位政府对创业的支持程度会影响返乡创业农民工的区位业选择。在控制其他变量不变的情况下：①打工地政府的支持力度越大，则工业与农业的相对发生比越大，但增加效应较小，并且在统计水平上不显著，政府支持力度每增加1个单位，工业和农业相对发生比增加0.79%，在影响效应方向上与我们的假设相符，但不显著；②打工区位政府支持力度越大，则商业与农业的相对发生比越大，政府支持力度每增加1个单位，商业与农业的相对发生比增加 39.87%，并且在 1% 的统计水平上显著；③打工区位政府对创业的支持力度越大，服务业与农业的相对发生比越大，政府支持每增加 1 个单位，服务业与农业的相对发生比增加 37.35%，并且在 1% 统计水平上显著。

表 2-16　打工区位政府创业支持程度对返乡创业农民工产业
选择影响的多项 Logit 模型分析

变量	工业 vs. 农业				商业 vs. 农业				服务业 vs. 农业			
	RRR	Std. Err	z	P>｜z｜	RRR	Std. Err	z	P>｜z｜	RRR	Std. Err	z	P>｜z｜
age	1.0204	0.0210	0.98	0.327	0.9558	0.0168	-2.56	0.011	1.0571	0.0203	2.89	0.004
sex	0.5223	0.1878	-1.81	0.071	0.5709	0.1692	-1.89	0.059	0.4643	0.1508	-2.36	0.018
highschool	1.5281	0.6046	1.07	0.284	1.2370	0.3863	0.68	0.496	0.9366	0.3391	-0.18	0.856
college	2.1352	0.9855	1.64	0.100	0.8887	0.3449	-0.30	0.761	1.0795	0.4998	0.17	0.869
duration	0.9952	0.0348	-0.14	0.892	0.9513	0.0301	-1.57	0.115	0.9748	0.0305	-0.81	0.416
mig-supp	**1.0079**	0.1235	0.06	0.949	**1.3987**	0.1460	3.21	0.001	**1.3735**	0.1624	2.68	0.007
LR chi2 (18)	64.51											
Prob>chi2	0.0000											
Pseudo R^2	0.0644											

注：在教育程度中，初中及初中以下为参照系。地形分为平原、山地和丘陵三类，平原为参照系。

综上所述，打工区位政府对创业支持力度显著提高了工业、商业和服务业对农业的相对发生比，但是对工业与农业相对发生比的影响在统计上不显著，而对商业和服务业与农业的相对发生比影响较大且显著。这部分支持了我们的假设 3.4。

5. 打工区位朋友创业个数对返乡创业农民工产业选择的影响

如表 2-17 所示：①打工区位朋友的个数降低了返乡创业农民工选择工业和农业的相对发生比，朋友每增加 1 个，则工业与农业的相对发生比降低 3.62%，但统计上不显著；②打工区位创业朋友的个数每增加 1 个单位，则商业和农业的相对发生比增加 9.65%，但在统计上不显著；③打工区位创业朋友的个数每增加 1 个单位，则服务业与农业相对发生比增加 0.4%，但在统计上并不显著。综上所述，打工区位创业朋友个数的增加并没有显著影响返乡创业农民工对某一产业的选择，单从相对发生比来看，朋友个数的增加虽然提高了商业对农业、服务业对农业的相对发生比，但都不显著，因此并没有支持本研究的假设 3.5。

表 2-17　打工区位创业朋友的个数对返乡创业农民工产业
选择影响的多项 Logit 模型分析

变量	工业 vs. 农业				商业 vs. 农业				服务业 vs. 农业			
	RRR	Std. Err	z	P>|z|	RRR	Std. Err	z	P>|z|	RRR	Std. Err	z	P>|z|
age	1.0216	0.0214	1.02	0.308	0.9595	0.0166	-2.38	0.017	1.0579	0.0201	2.95	0.003
sex	0.5226	0.1875	-1.81	0.071	0.5215	0.1521	-2.23	0.026	0.4236	0.1363	-2.67	0.008
highschool	1.5240	0.6041	1.06	0.288	1.2450	0.3840	0.71	0.477	0.9168	0.3289	-0.24	0.809
college	2.1203	0.9928	1.61	0.108	0.9149	0.3485	-0.23	0.816	1.0173	0.4693	0.04	0.970
duration	0.9949	0.0349	-0.14	0.886	0.9602	0.0298	-1.30	0.192	0.9803	0.0305	-0.64	0.525
mig-friends	**0.9638**	0.1226	-0.29	0.772	**1.0965**	0.1092	0.93	0.355	**1.0040**	0.1154	0.03	0.972
LR chi2 (18)	49.82											
Prob>chi2	0.0000											
Pseudo R^2	0.0497											

注：在教育程度中，初中及初中以下为参照系。地形分为平原、山地和丘陵三类，平原为参照系。

四、研究结论

综上所述，打工区位与家乡的距离对返乡创业农民工产业选择的影响较小，随着空间距离的增加，打工区位社会关系网络被割裂，返乡创业农民工的产业选择是基于家乡区位的产业需求考虑；打工区位基础设施条件显著提升返乡创业农民工选择工业、商业和服务业的概率；打工区位基础设施条件显著提升返乡创业农民工选择商业和服务业；打工区位居民创业积极性显著提升返乡创业农民工选择商业和服务业的概率；打工区位政府支持创业的程度显著提升返乡创业农民工选择商业和服务业的概率；打工区位创业朋友的个数并不显著影响返乡创业农民工的产业选择。

打工区位对返乡创业农民工产业选择的影响是通过创业氛围潜移默化地引导，是一种环境的熏陶，并没有直接的影响。返乡创业农民工产业的选择关键在于家乡的资源与产业优势。

第三章 创业区位对农民工创业
成长的影响研究

由于社会经济活动的相互依赖性、资源空间分布的非均衡性、分工和交易的地域性特征，各个空间位置上的创业具有不同的金融约束、资源约束和团队约束，从而具有不同的成长机制。无论是机会识别、资源获得还是创业团队建构，都受到区位因素的影响，识别创业机会、获得创业资源和建构创业团队的成本高低对创业者选择区位具有显著影响，创业者区位选择可以看作这三方面约束的区位理论。

第一节 创业区位对农民工创业机会识别的影响

创业机会识别与地理区位密切相关。如硅谷在每一分钟都有许多创业机会发生，关键在于其聚集了高密度的创业机会，使创业机会的识别相对比较容易，更能触发创业行为。创业机会的识别与机会的密度相关，而创业机会的密度与区位相关，经济活动、技术研发和交易比较频繁的区位，创业机会相对较多，本节重点分析创业区位对农民工创业机会识别的影响。

创业机会可以实际存在于一定的地理空间内，也可以通过一定的流程，依托创业者的能力在一定的地理空间内被创造出来（斯晓夫、王颂和傅颖，2016）。无论是客观的先于被发现的存在，还是被创业者建构，创业机会都与一定的地理空间密切联系，其中被建构是一种空间的社会过程，涉及创业者、市场、客户等因素，成功创业需要更好地认识创业机会。地理环境以及当地人口长期融合使居民更能发现创业机会，这也从侧面说明创业的产业选择受到该地地理环境、社会环境、人口及社区活动的密切影响（Mckeever，Jack and Anderson，2015）。创业产业选择是指创业团队或者创业农民工聚焦产业网络的产物，以及创业者意识到创业产业的建构机会，即从社会网络中提取有用的信息，并反思以前创业项目失败的经验，从而从产业网络中找到合适的或建构合适的有价值的创业活动。资源缺乏地区可以通过资源再生产生创业机会，从而推动创业，主要依靠的是一个地区居民的创新精神（Si et al.，2015）。具有创业精神的创业群体既可以利用社会网络发现创业机会，也可以推动制度环境变化来创造创业机会（Justin Tan，Yunfei Shao and Wan Li，2013）。

一、文献综述与研究假设

创业机会的识别来源于创业者的社会网络（边燕杰和张磊，2006）。农民工返乡创业的原有社会网络和动态建构的社会网络对其创业机会识别具有显著影响（王悦、焦伟伟和范彬，2018），嵌入社会网络的规模、弱连带网络规模与联系频率越大，农民工识别创业机会的概率就越大（高静和张应良，2013）。社会网络通过强化创业者的创业动机和创业警觉性、提供丰富的信息和资源、降低创业的交易成本等方式来提高创业机会的识别概率（白彦壮、张璐和薛杨，2016）。在相关部门任职和正在创业的亲友资源越多，能够识别的创业机会就越多。拥有较多先前创业经验、行业经验、职能经验，能显著提高其识别创业机会的可能性（杨学儒和杨萍，2017）。关系网络不仅可以直接预测创业机会识别，还可以通过认知和经验学习以及实践学习间接预测创业机会识别（陈文沛，2016）。强关系网络规模大、正在创业亲友资源和在相关部门任职亲友资源多、加入专业合作社或农业协会的农民，将更容易识别出较多的创业机会（郭红东和丁高洁，2012）。

创业者外部社会资本的网络规模、网络资源对创业机会识别有正向影响（张浩和孙新波，2017）。网络关系对创业决策具有间接促进作用，其中弱关系相较于强关系对创业决策产生的正向作用更显著，创业者网络能力有利于推动创业机会识别（项国鹏、潘凯凌和张文满，2018）。

创业行为嵌入社会关系网络之中，社会资本对我国创业者的创业机会识别也许发挥了更加独立的作用（董延芳和张则月，2019）。在中国关系主义文化规范下，创业者依靠强纽带、高信任的人际关系来建立"核心关系圈"，捕捉可靠商机，获取稀缺资金、技术和人才，应对各种经营危机。"核心关系圈"具有较高的成员稳定性，但也是相对开放的，创业者会通过关系介绍、近距离考察和深度交往阶段性吸纳新的技术和管理人才。确保圈内成员之间较高的互信，同时又能维持互补的异质性资源，是创业者成功的治理秘诀之一（边燕杰和杨洋，2019）。农民工的个体社会网络规模以及关系强度会正向影响农民工的创业机会识别（蒋剑勇、钱文荣和郭红东，2014）。强弱联系社会网络对创业机会的识别具有显著促进作用，其中弱联系社会网络对识别创业机会的影响程度要高于强联系社会网络的作用（苗莉和何良兴，2015）。本地强连带更具影响力（黄洁和蔡根女，2010）。强连带社会资本有助于新生代农民工识别模仿性创业机会，弱连带社会资本有助于其识别创新性创业机会（杨学儒和邹宝玲，2018）。创业嵌入社会关系网络中，创业财务绩效与农民工强关系正相关，创业成长绩效与弱关系正相关（郑山水，2017），应重视返乡创业农民工社会关系网络的构建，促进其强弱关系的双重嵌入。

以往对创业机会的识别，一方面从创业者个体出发，探讨个体创业能力，比如对机会的警觉性、对市场的了解程度和信息的解读能力、建构和创造创业机会的能力；另一方面从环境的影响，即外部的社会环境、经济环境和政治环境出发，探讨对个体创业机会识别的影响。以往研究多集中在社会网络、政治关系、个体能力、运气等方面的影响，相对缺乏对地理因素的探讨。社会资本和市场关系都嵌入一定的地理环境中，是地理环境的组成部分，创业机会的识别与地理环境存在重要的关系。

（一）地形的影响

对创业机会的识别一方面与创业者的机会识别能力有关，包括对市场机会、技术和制度等方面的敏感程度；另一方面与创业者的社会网络能力有关，具有强大的社会关系的创业者的信息优势较为明显，能够识别一些其他人较难识别的创业机会。我们试图证明的是，针对返乡创业农民工，其创业机会识别与区位的关系。首先，创业者的创业机会识别能力来源于其创业的经验和对市场机会的评估，通过运用创业经验来识别一个地方所具有的创业机会，尤其是基于对当地市场、基础设施和制度的评估，从而选择合适的创业机会，因此创业经验的运用要与一定区位的环境结合起来，这个环境与区位紧密联系在一起。其次，创业机会识别与社会网络密切相关，而社会网络往往嵌入一定的地理区位之中，因此返乡创业农民工的机会识别往往与嵌入当地的社会网络密切相关。最后，创业经验、社会网络以及市场上的利润分布都与区位具有很强的联系，因此创业机会识别与地理区位具有显著的关系。

相对于平原来说，山地和丘陵地带的人口密度较小，一方面，从事交易和生产活动的频率相对较小，这就造成山地和丘陵地带的创业机会相对较少，创业机会的识别概率就小；另一方面，由于人口密度较小，因此社会网络的空间分布密度相应较小，社会网络促进创业发生的概率就小，因此相对于平原来说，山地和丘陵创业行为发生的频率和密度较小，其产业机会和市场机会都相对较少，因此在山地和丘陵地带创业机会分布较少。创业机会识别需要的信息较多，涉及较多的方面。因此，提出假设1：

假设1：相对于山地和丘陵地带，平原地带的创业区位更有利于创业机会的识别。

（二）与城镇距离的影响

城镇相对于农村来说，其人口密度大，商业活动的频率高，市场空间范围较大，同时也较容易孕育创业机会，加上城镇人口密度大带来的社会网络活动较为频繁，社会网络促进创业发生的概率就大，因此，作为市场交易的主要场所，家乡与城镇距离越近，越容易了解市场，就越容易获得市场需求信息以及市场未来的发展趋势，因此也越容易找到和识别新的创业机会。因此，提出假设2：

假设2：与城镇的距离越近，创业机会来自家乡的概率就越大。

（三）创业环境的影响

环境因素是旅游小企业创业机会识别的动力源泉（徐红罡和马少吟，2012）。环境信息和以往经验会影响机会识别过程中对信息加工方式的选择，从而影响对创业机会的识别（陈燕妮和Jaroensutiyotin Jiraporn，2013）。创业环境的动态变化影响创业机会的识别（严杰和刘人境，2018）。创业环境动态性对创业机会识别可行性具有显著的影响（仲伟仁和芦春荣，2014）。良好的创业政策环境有助于更多的创业者识别创业机会和实现创业（靳丽遥、张超和宋帅，2018）。

1. 交通便利性的影响

交通便利性影响创业者的机会识别（杨学儒、韩剑和徐峰，2019）。家乡的交通便利性越强，农民工就越容易接触城镇和城市市场，或者越容易接触到市场创业者，形成一定的市场关系网络和社会关系网络，就越容易通过关系网络获得创业信息，识别创业机会。因此，提出假设3.1：

假设3.1：家乡区位交通便利性越强，越容易从家乡区位识别创业机会。

2. 基础设施的影响

首先，基础设施越好，越有利于产业发展，产业活动越频繁，活动空间越大，越容易孕育创业机会，创业机会识别的概率就越大；其次，基础设施越好，市场交易信息、产品需求信息以及创业相关的信息就越丰富，创业氛围就越强，创业机会的识别就越容易；最后，基础设施能够降低潜在的创业成本，带来更大的创业收益，提高创业想法实现的可能性。因此，提出假设3.2：

假设3.2：家乡区位基础设施条件越好，创业想法来源于家乡的概率就越大。

3. 创业积极性的影响

创业积极性是创业氛围的一个重要方面，具有较强创业氛围的区位充满机会识别信息，并且创业者之间的交流更加频繁，创业想法较多。创业积极性作为一项心理资本，对创业机会的识别存在显著的正向影响（陈梦妍等，2019），创业积极性越强，则返乡创业农民工的机会识别意愿就越强，越倾向于收集更多的创业机会的相关信息。因此，提出假设3.3：

假设3.3：家乡区位居民创业积极性越强，创业想法来自家乡的概率就越大。

4. 产业集聚的影响

首先，产业集聚区具有丰富的创业机会，如果返乡农民工家乡是某一产业的产业集聚区，那么其通过产业集聚区强烈的创业氛围就能够获得较为丰富的创业信息，从而产生创业想法；其次，产业集聚使社会网络活动更频繁，所带来的创业想法更多，从而使创业机会更容易实现；最后，产业集聚能够引起政府政策的扶持，这些优惠政策能够强化创业者的实现，坚定创业者的决心，从而促进创业想法的实施。因此，提出假设3.4：

假设3.4：家乡区位产业集聚对创业想法来源于家乡地具有正向影响。

5. 政府扶持的影响

政府扶持具有两方面的效应：一方面，提升当地创业的积极性，营造一个积极创业的氛围，使当地创业活动比较活跃，市场和产业都比较发达，从而提高了创业想法来源于当地的概率；另一方面，政府对当地某一产业内创业的扶持政策推动当地该产业的发展，从而形成产业集聚和产业园区，使创业机会在地理空间上比较聚集，进而提高创业想法来源于当地的。因此，提出假设3.5：

假设3.5：家乡区位政府扶持力度越强，创业想法来自家乡的概率就越大。

6. 同行创业朋友个数的影响

创业想法大部分来源于嵌入产业网络中的社会关系网络，在没有创业想法之前，某一行业朋友进行创业的个数越多，返乡农民工就越容易获得创业机会的相关信息，越容易形成创业想法。

假设3.6：家乡区位创业朋友个数越多，创业想法来源于家乡的概率就越大。

二、变量与模型选择

1. 变量

在本研究中，我们把创业机会的识别按照区位的不同分为两种：①来源于打工地（打工区位）；②来源于家乡区位（创业区位）。创业想法如果来源于家乡区位，赋值为"1"，如果来源于打工区位则赋值为"0"。自变量如上一章所述。

2. 模型选择

本部分使用二元 Logistic 模型：

$$\ln\left(\frac{P_i}{1-P_i}\right)=\alpha+\beta_1 age_i+\beta_2 sex+\beta_3 highschool_i+\beta_4 college_i+\beta_5 duration_i+\beta_6 mountain+$$

$$\beta_7 hills+\beta_8 dis-county+\beta_9 dis-town+\beta_{10} dis-market+\beta_{11} trans+\beta_{12} infras+$$

$$\beta_{13} initiative+\beta_{14} cluster+\beta_{15} support+\beta_{16} en-friends$$

三、实证结果

（一）创业区位对创业想法来源于家乡地的影响

1. 地形的影响

本部分使用二元 Logistic 模型探讨返乡农民工创业的机会识别过程中受到创业区位社会网络及地理因素影响的程度及其空间作用机制，建立创业区位、地理区位与农民工创业机会识别的数量模型，重点分析创业想法来源于家乡地的影响因素。结果如表 3-1 所示：①与平原相比，山地地带创业农民工创业想法来源于家乡地的相对发生比降低 51.92%，即创业想法来源于家乡的概率下降，并且系数在 10% 统计水平上显著，假设 1 得到验证。②与平原相比，丘陵地带创业农民工创业想法来源于家乡地的相对发生比降低 67.49%，即创业想法来源于家乡地的概率下降，并且系数在 5% 统计水平上显著。综合上述结论，地形对农民工创业机会的识别具有显著的影响，与平原相比，山地和丘陵创业机会更多来源于对打工区位或者家乡区位以外的市场的认知和机会的识别。这也启示我们，在政策设计过程中，需要更多注重创业机会的来源，而不是仅关注本地的资源和经济活动。

表 3-1　创业想法来源于家乡地的 Logistic 模型回归结果

变量	模型 1				模型 2			
	Odds Ratio	Std. Err.	z	P>|z|	Odds Ratio	Std. Err.	z	P>|z|
age	1.0300	0.0146	2.07	0.038	1.0346	0.0148	2.38	0.017
sex	1.2728	0.2992	1.03	0.305	1.2305	0.2904	0.88	0.379
highschool	1.0444	0.2779	0.16	0.870	1.0212	0.2713	0.08	0.937
college	0.8532	0.2686	−0.50	0.614	0.9714	0.3088	−0.09	0.927
duration	1.0157	0.0266	0.60	0.551	1.0143	0.0265	0.54	0.587
mountain	**0.4808**	**0.2048**	**−1.72**	**0.086**				
hills					**0.3251**	**0.1650**	**−2.21**	**0.027**
LR chi2 (6)	13.05				15.17			
Prob>chi2	0.0422				0.0190			
Pseudo R^2	0.0271				0.0315			

注：在教育程度中，初中及初中以下为参照系。地形分为平原、山地和丘陵三类，平原为参照系。

其中可能的原因是：山地和丘陵地带相对比较偏僻，基础设施落后，市场活动较少，一般从事较为落后的传统农业生产，能够产生创业想法的可能性较小，因此，与平原相比，其创业想法来源于家乡地的概率相对较小，这从侧面印证了地形对创业机会识别的影响。

2. 与城镇距离对创业想法来源于家乡地的影响

使用 Logistic 模型分析与城镇距离对创业想法来源于家乡地的影响，结果如表 3-2 所示：①与县城的距离、与城镇的距离和与集镇的距离都正向影响创业想法来源于家乡地的概率，距离越大，创业想法来源于家乡地的概率就越大。②距离变量的影响系数在统计水平上都不显著。假设 2 没有得到验证。其中可能的原因是：距离县城、集镇和市场越远，其可获得的信息和资源越少，其与打工区位的差距越大，来源于打工区位的创业机会和想法相对于家乡来说就不太现实，因此创业想法往往来源于家乡地。虽然系数显著性不强，但其符合我们假设推断。

表 3-2　与城镇距离对创业想法来源于家乡地的影响

变量	模型 1	模型 2	模型 3
age	1.0330 ** (0.0145)	1.0338 ** (0.0146)	1.0332 ** (0.0146)
sex	1.2357 (0.2896)	1.2223 (0.2866)	1.2334 (0.2891)
highschool	1.0471 (0.2784)	1.0461 (0.2771)	1.0365 (0.2741)
college	0.9112 (0.2865)	0.8826 (0.2758)	0.8966 (0.2802)
duration	1.0186 (0.0265)	1.0170 (0.0266)	1.0167 (0.0267)
dis-county	1.0026 (0.0053)		
dis-town		1.0138 (0.0114)	
dis-market			1.0024 (0.0048)
LR chi2（6）	10.38	11.68	10.53
Prob>chi2	0.1095	0.0695	0.1039
Pseudo R^2	0.0216	0.0243	0.0219

注：在教育程度中，初中及初中以下为参照系。地形分为平原、山地和丘陵三类，平原为参照系。括号内为标准误。 ** 表示在5%的水平上显著。

3. 家乡地创业环境对创业想法来源于家乡的影响

使用二元 Logistic 模型分析创业环境对创业想法来源于家乡地的影响，结果如表 3-3 所示：①创业环境所有的变量都正向影响农民工创业想法来源于家乡地的概率，即家乡地创业环境越好，创业想法来源于家乡地的概率就越大，创业环境变量影响方向与我们的假设一致。②在创业环境的变量中，只有"创业的积极性"和"本地创业朋友的个数"两个变量分别在10%和1%统计水平上显著，即当地创业积极性和创业朋友的个数显著正向影响农民工创业想法来源于家乡地的概率，假设3.3和假设3.6得到验证。相关研究表明，创业机会的构建是一个主观导向性的众迹过程，是一种具有社会建构特征并涉及创业者、市场、客户等因素的综合作用的社会建构过程（斯晓夫等，2016）。因此，家乡创业积极性营造了一个积极创业的氛围，通过环境的影响，返乡农民工创业积极性提高，其倾向于通过与家乡创业者形成的网络积极建构创业机会。家乡地创业朋友的个数显著提高创业机会来源于家乡地的概率，其主要原因也是家乡地创业氛围的营造和创业网络的建构有效地提高了创业机会识别和建构的能力。③假设3.1、假设3.2、假设3.4、假设3.5没有得到验证。其中可能的原因有三个：首先，随着基础设施和交通便利性的逐步改善，地区之间基础设施和交通便利性的差异较小，其对创业想法或者机会识别的影响逐步不明显，仅仅是一个考虑因素。其次，"产业集聚"变量对创业想法的影响不显著，其中很可能的原因是处于产业集聚区的样本较小，不能支撑其显著性。最后，"政府支持力度"影响效应不显著的原因很可能是，在政府资源利用需要差序格局中，农民工的创业机会识别需要经济水平和政治地位较高的社会关系网络才能实现，因此在创业机会识别中，其不成为农民工考虑的主要因素。

表3-3 创业环境对想法来源于家乡地的影响

变量	模型1	模型2	模型3	模型4	模型5	模型6
age	1.0325** (0.0145)	1.0326** (0.0145)	1.0333** (0.0145)	1.0335** (0.0146)	1.0325*** (0.0145)	1.0375*** (0.0149)
sex	1.2482 (0.2934)	1.2429 (0.2909)	1.2820 (0.3019)	1.2356 (0.2900)	1.2614 (0.2961)	1.2235 (0.2901)
highschool	1.0293 (0.2729)	1.0289 (0.2722)	1.0258 (0.2720)	1.0292 (0.2720)	1.0219 (0.2705)	1.0695 (0.2866)
college	0.9011 (0.2853)	0.9022 (0.2829)	0.9336 (0.2930)	0.8753 (0.2756)	0.8755 (0.2745)	0.8826 (0.2800)
duration	1.0195 (0.0267)	1.0197 (0.0266)	1.0168 (0.0266)	1.0196 (0.0266)	1.0186 (0.0265)	1.0040 (0.0267)

续表

变量	模型 1	模型 2	模型 3	模型 4	模型 5	模型 6
trans	1.0117 (0.0867)					
infras		1.0283 (0.0859)				
initiative			**1.1687* (0.1095)**			
cluster				1.3306 (0.2991)		
support					1.0664 (0.0879)	
en-friends						**1.9248*** (0.4426)**
LR chi2（6）	10.14	10.24	12.91	11.74	10.74	18.35
Prob>chi2	0.1187	0.1150	0.0445	0.0680	0.0969	0.0054
Pseudo R^2	0.0211	0.0213	0.0268	0.0244	0.0223	0.0382

注：在教育程度中，初中及初中以下为参照系。地形分为平原、山地和丘陵三类，平原为参照系。括号内为标准误。＊＊＊表示在1%水平上显著；＊＊表示在5%水平上显著；＊表示在10%水平上显著。

四、研究结论

1. 加强落后地区基础设施建设，提高创业机会识别的概率

本部分结论表明，落后地区创业机会来自当地的概率较小，其他研究也表明，休闲农业创业者需要通过构建和改善交通基础设施来降低识别产业升级机会的外部约束（杨学儒、韩剑和徐峰，2019）。首先，加强偏远山区的道路、信息和水电等基础设施建设，通过多种途径实现基础设施融资，使建设资金到位，保障资金充足。其次，结合偏远农村地区资源优势，合理制定基础设施的建设规划，有计划、有规划地发展农村基础设施，保证最大效益。最后，在基础设施建设过程中，提高农民的参与度，保证设施建设质量，避免形象工程。

2. 营造良好的创业氛围，改善地区创业环境

建立一个尊重创业和创新的社会氛围，通过氛围营造鼓励更多的农民工返

乡创业。首先，营造好的制度氛围，一些鼓励农民工返乡创业的优惠政策和措施要具有持续性和有效性，使当地居民对创业政策形成较高水平的制度信任。其次，建立好的学习环境，鼓励创新，使创业者和非创业者建立高的信任水平，形成高诚信的营商环境。最后，建立政府和创业者之间的有效的沟通环境，创业过程中面临的不同问题需要不同部门来解决，有些问题还需要多部门联合解决，如果没有形成有效的沟通和协调机制，创业扶持的有效性就会大打折扣。

3. 建立基于地理优势的创业环境，发展地方特色的创业环境

不同的地形具有不同的创业机会，为了让地方居民找到更为合适的创业机会并且有效推动地方经济的发展，需要正确指导农民工返乡创业。首先，政府结合地方优势和产业发展规律，形成微观的产业规划，为当地产业链的发展提供一个有效的创业环境。其次，结合地理特征，融合现代电商销售特征，大力发展特色种植业和养殖业，形成电商的生产基地。最后，与休闲旅游产业结合，引导农民工返乡在该产业范围内创业，形成基于资源优势的创业环境。

第二节　创业区位与农民工创业资源获得

农民工返乡创业不仅是一个经济问题，更是一个区位问题，是城乡区位差异状况下推动农村经济发展的一条有效路径。在城乡区位差异视角下，区位包括创业位置与主城区的远近，以及与市场和劳动力、土地等资源的远近，此外还包括交通的便利性、基础设施状况等内容，这些区位变量不仅影响返乡创业农民工资源获得，而且影响创业企业的成长程度。家庭居住地远离中心城镇这种不利区位是刺激农民工返乡创业的关键因素（郑少峰和郭群成，2010）。农民工创业区位选择也受到交易成本、市场因素的影响（孙艳香和肖文，2015）。

一、社会网络影响创业资源获得

个人的社会网络特性能够有效地促进创业和推动创业企业的成长。社会关系所形成的动态网络是企业家与资源、机会之间的桥梁，同时也是信息的桥梁。社会网络的质量与信息和资源的质量正相关，社会网络越发达，则创业者越能够通过网络缓冲更大的风险和压力。从创业信息和资源获得视角来看，空间距离影响信息和资源获取成本。农民工创业区位的选择是一个理性选择过程，是追求利润最大化的过程。基于农民工在家乡地创业，首先，从信息获取的角度来看，家乡地广泛的社会关系网络更为重要，社会关系网络中节点之间的距离并不远，并且具有同质性，信息理解和传递的准确性更强、成本更低，这推动了返乡创业农民工更近距离地观察创业，有助于学习、模仿领先者。其次，家乡地社会网络为其带来低成本的创业资源，包括金融资产、土地和生产设备。一方面，基于对返乡创业者能力和声誉的了解，网络节点为降低自身风险，愿意低成本将自身拥有的资源出租给返乡创业农民工；另一方面，通过与已经创业的亲朋好友的资产租赁、原材料供应及设备和技术共用等方式，降低后进入返乡创业农民工的创业资源获得成本。最后，社会网络为后进入创业者提供低成本的营销网络。先进入创业者形成的成熟营销网络为创业集群内部后进入创业者提供营销服务，在价格、回款、产品质量咨询等方面提供无偿服务，降低了后进入者的营销风险。

个人社会网络和地域空间具有重合性，嵌入地理区位的社会网络影响返乡农民工的创业选择。社会资本影响创业机会识别的内在机理是：社会资本一方面形成创业机会，另一方面提供信息和资源支持和影响创业机会的识别（胡晓娣，2009）。在创业的不同阶段，社会资本具有不同的效应（秦剑和张玉利，2013）。创业者利用人际关系网络了解信息、发现机会、获取资源、创办企业，以满足市场需求，实现自身梦想。新建企业所需要的商业情报、创业资源、首个订单均来自创业者的社会网络（边燕杰，2006）。社会网络中的信任关系可以使创业者绕过书面合同的订立过程，节约交易成本，并且可以持续交易，降低市场风险。社会网络越发达，新生代农民工创业的概率越大（丁冬、傅晋华和郑风田，2014）。

农户嵌入社会网络规模正向影响农户识别创业机会的概率；社会网络中弱连带网络规模和联系频率越大，农户识别创业机会的可能性越大，但强连带网络对复制型创业机会影响不显著（高静和张应良，2013）。社会资本因素在返乡农民工创业中对农民工创业动机的产生、创业产业和地点选择，以及创业过程中困难解决的方式和途径都具有明显的正效应（罗明忠和邹佳瑜，2012）。

二、社会网络嵌入不同的区位中

在市场交易条件下，由于生产要素的空间存在非均匀性，以及初始配置、再配置的地域空间的差异性，因此形成了生产要素地域空间流动的非均匀性。此外，自然地理（地形地貌）、交通便利性的差异，政府行为与制度安排的地域空间的差异，以及社会资本和文化传统的地域空间差异等因素，使不同创业区位中的区位因素不同，造成创业成本、市场交易和经济利润的空间区位差异，形成创业的优势区位和劣势区位。返乡创业农民工作为一个理性的经济主体，其选择行为符合利润最大化约束，会选择创业资源较容易获得、市场交易费用低的优势经济区位。

人类对环境变化做出反应、不断地减轻环境施加的限制与稀缺性、锲而不舍地创制重新估价资源与减轻自然特征限制的技术，正是这些以及其他多种人类的行为推动着经济与社会的变迁与进步（沃尔特·艾萨德，2010）。创业是创业者在自身资源条件的约束下，对迁入地和迁出地市场机会、资源获取与风险成本进行甄别、权衡并比较之后的理性决策（朱华晟和刘兴，2013）。资源禀赋不均等的各个分隔区域之间的地理专业化在地方区位层次上逐渐出现。创业者选择在哪个区位创业，关键是该区位是否存在一个支持创业的非正式网络（Marthen，2002）。因此，农民工返乡新创企业的关系网络存在一个持续的地理集聚策略（Schutjens，2003）。对于有创业意愿的农民工而言，其创业地点的选择受创业者个体及家庭特征、沿海生活及工作特征和外部社会环境特征三方面的影响（赵浩兴，2012）。创业者在选择创业区位时，考虑的关键因素是地方个性能否为创意产业的生产、自由创造提供有形的素材和场所（Smit，2011）。影响农民工返乡创业的区位因素包括成本、集聚效应和市场，返乡创业活动一般选择在城镇中心或资源环境优越的区域集聚，随着创业集聚，城镇之间及系统之间相互作用，人口系统、经济系统、社会系统、环境系统同时发生了各种变化（李呈琛，2012），从而影响农民工创业的区位选择。创业环境不同因素对农村微型企业生存绩效、成长绩效的影响有所差异（刘畅、齐斯源和王博，2015）。

社会网络镶嵌于一定的地理区位中，对于农民工尤其是这样。其社会资本可以被定义为两部分：一部分是"先赋"社会资本，是由家乡区位的社会网络构成的；另一部分是由打工活动所形成的新型社会资本。个人与家族的人脉关系等因素对农民工返乡创业具有积极影响（张新芝、欧阳仉孙和王玉帅，2014）。农村社区基本上还是一个"熟人社会"（费孝通，2008），社区内部的互动具有相同的价值观和社会规范，更容易形成一致的社会氛围。如果社区内部形成一致的创业氛围，更能激发在外地务工的农民工返乡做出创业选择；农村社区内部成功的创业榜样会通过嵌入社区中的社会网络进行传播，通过圈层逐步影响家人、亲戚、朋友或熟悉的社区居民；此外，创业成功经验的传播使潜在创业农民工更容易找到可模仿的对象，降低搜寻成本，提高自身创业技能。如相关研究发现，家庭层面的社会资本提高了女性创业的概率，在地理条件不利的情况下，市场的可接触性、创业性合作组织能够有效地促进农村创业的发展（Poon，2012）。农村的社会性关系网络对农民工创业绩效的提高具有显著的作用（郭红东和丁高杰，2013）。中国农民具备集体主义文化精神，创业农民工使用由亲戚朋友构成的社会性关系网络能够低成本、快捷地传递真实有效的信息。亲戚担任村干部或公务员和兄弟姐妹数量多能显著提升农民工返乡创业绩效（朱红根和康兰媛，2013）。

三、不同区位影响创业资源获得

区位对创业的影响主要通过以下五个途径：①降低成本。成本是农民工创业决策的决定性因素。农民工创业时会首先考虑运输成本、交易成本、劳动力成本、土地成本等因素，从而决定区位选择。区位因素影响成本关键在于土地的价格或者租金，农民工往往在发达地区打工，打工区位的土地价格或者土地租金较高，从而推动农民工创业成本的升高，而选择家乡区位作为创业区位，能够有效地利用农民工在家乡的社会资本，通过社会资本获得土地，使土地的获得成本较低，如搜寻、谈判和交易方面的成本以及契约成本。②区位影响创业机会的识别。创业机会的区位分布并不是随机和均匀的，而是与市场活动密切相关，市场活动较为密切的区位，创业机会较多，并且比较容易识别，从而有助于开展创业活动。创业机会密度随着区位的差异而产生差异，不同密度的机会分布是影响创业机会识别的关键，创业机会密度较大的区位，创业者不需要太多的企业家精神和识别能力就能找到创业机会。因此，区位影响创业机会的分布，从而影响创业机会的识别。③区位影响创业成功的概率。创业成功与否虽然是随机的，影响因素较多，但是关键的因素之一就是区位。区位影响创业成功概率主要通过以下三个方面：一是资源的获得。较好的创业区位能够低成本或者较容易地获得创业资源，从而增加创业成功概率。比如，有的区位为提高农民工返乡创业的概率，给予返乡创业者许多优惠的条件，如低利息的贷款、税收减免和免费的土地使用，从而使返乡创业者比较容易获得创业资源。二是创业团队容易建构。拥有异质性创业资源的潜在创业者，在一些区位交流和碰撞，很容易形成一个资源互补的创业团队，创业团队的成功建构有利于提升创业成功的概率。三是区位影响创业网络，从而提升创业成功的概率，这个内部机理主要在于创业企业之间构成网络，通过创业网络的集体行动和协同效应提高创业的成功概率。④聚集效应。城镇化较为发达、基础设施条件好、市场较大而稳定，这些容易吸引更多的创业者集聚，对农民工来说，信息成本、集聚经济和产业配套条件影响其区位选择。此外，集聚容易产生规模效益，催生创新和合作。⑤市场因素。市场发育程度、市场需求大小、人口因素等影响农民工创业的区位选择。购买者的集聚也能影响农民工创业的区位选择。

回流农民工大多愿意选择在县域范围内开展创业活动，同时其创业的行业选择和形式偏好具有一定的地域分层特征。禀赋特质通过初始禀赋、务工禀赋积累、家庭禀赋拓展对农民工回流创业的地域选择产生影响：在初始禀赋上主要表现为男性和教育年限高的农民工更倾向于选择县城开展创业活动；在务工禀赋积累上表现为农民工会结合行业经验以及技能优势来匹配最能发挥其自身价值的地域层级；在家庭禀赋拓展上则集中体现为不同类别的家庭禀赋对农民工创业地域选择差异化的支持功能。这意味着各级政府在引导回流农民工创业的过程中，应充分尊重回流农民工的禀赋特质差异，结合其地域分层意愿采取针对性的创业引导策略（刘迎君，2017）。

四、农民工返乡创业的区位属性

1. 区位影响创业企业风险的性质

首先，创业风险大小与区位密切相关，主要涉及竞争者的密集程度和竞争者的实力。后进入者面临从现有竞争者手中争取客户和货源的情况，需要和已经在位的企业进行竞争，那么，在位企业的竞争力和在位企业的密集程度就直接影响创业成功的概率。其次，嵌入不同区位的制度，形成创业企业的制度风险，这里面最显著的是政策的变动。当农民工返乡创业形成一定规模时，政府认为孵化任务已经完成，就会取消一些扶持的优惠政策，使经营环境变得十分不确定，从而形成创业经营的风险。最后，社会风险因素。偏远农村由于法制化条件较差，会面临社会治安条件差、非正当竞争等情况，这些构成了创业的社会风险因素。

2. 区位降低信息非对称性，从而降低风险

区位内创业能够提高居民的福利水平（Felsenstein，2002）。微观空间创新或包容开放的异质空间营造成为创业活动区位选择的决定因素（向发敏，2015）。农村地区企业的生存率要显著高于城市地区（Huiban，2009）。城镇化和地方化的经济（聚集经济）显著影响创业者的创业选择行为，这种创业行为在一定程度上反过来强化地方经济的存在和发展（Daskalopouou，2008）。这些聚集形成产业区，产业区内的关系资本推动创新的发生，提高创业产业区的竞争能力（Morales，2006）。

物质资本对当前返乡创业企业的成长影响非常大（朱红根、陈昭玖和翁贞林，2011）。农民工返乡创业所面临的市场背景、市场信息存在异质性、不透明性和不畅达性，资本市场和产品市场对农民工返乡创业不利。因此，返乡创业农

民工不仅要在社会网络中把握商机，掌握资源存在空间和区位、其价值及可获得性的能力，还要将潜在的资源动员成现实企业经营中的能力，基于人际网络的资源和信息获取是必经之路。返乡创业农民工可动用行政资源和可利用的社会网络资源影响创业区位的选择。农民工返乡创业中的初创资源及经营资金都对家乡强连带具有高度依赖性。网络多样性和联合解决问题对创业企业成长绩效具有显著的正向影响（陈熹、范雅楠和云乐鑫，2015）。同质性的社会网络同样影响农民工返乡创业选择（汪三贵等，2010）。

五、社会网络、地理区位对农民工返乡创业的影响

农民工返乡创业是资本网络、产业网络和区位网络的融合（彭华涛，2012）。社会网络和产业网络的双重嵌入、获取创业资源是提高农民工创业能力的重要途径（庄晋财和芮正云，2014）。通过双重网络嵌入，农民工获取资金、管理、信息和技术等创业资源（庄晋财、尹金承和王春燕，2015），实现资源与能力的均衡发展（庄晋财和杨万凡，2015），提升网络规划能力、网络构建能力及关系管理能力，经历"无网络嵌入状态""初始网络嵌入状态""网络关系发展状态"，实现新创企业网络化能力的螺旋式上升（庄晋财和杜娟，2014）。创业机会资源则受网络开发和网络经营两种能力的影响（陈聪、庄晋财和程李梅，2013）。企业产业网络和关系网络嵌入类型不同，对知识和能力的累积影响不同（庄晋财、马婧和王春燕，2015）。新创企业做到构建关系网络和增强创新性的二元性有利于创业成长（郑丹辉、李新春和李孔岳，2014）。

1. 创业资源的影响

创业资源是指返乡农民工创业过程中先后投入和利用的各种不同类型要素的综合，是新创企业成长的基础（庄晋财、尹金承和王春燕，2015）。根据农民工创业的特征，我们将创业资源分为三类：①雇佣工人。农民工创业一般是劳动密集型产业内创业，能够雇佣到成本低廉的家乡劳动力是其创业成功的一个关键要素，同时也是其顺利成长的关键要素。②创业资金。创业资金是创业初始及后续过程中购买设备、建设基础设施、营销投入以及购入生产资料的关键要素，其可得性和可持续性是创业成功的关键。③创业技术。其包括创业的管理技术、创业企业生产过程中利用的专业技术和创业过程中所涉及的与技术要素相关的方面。

地理因素显著负向影响农村创业企业的产品和服务的市场可接触性，这主要是因为受到资源和基础设施（金融服务、技术和运输）等方面的约束（Shields，2005）。如果创业者对创业区位地理因素依赖程度增加，则创业者人际关系可以演变为网络结构，创业区位的强弱关系都是影响企业成长的重要社会关系类型（姚小涛和张田，2008）。

2. 创业环境的影响

基础设施、金融支持、市场环境、服务环境、地区文化对创业的生存绩效和创新绩效产生显著影响（刘畅、王博和王馨，2015）。完善的基础设施能够吸引创业者，支持创业发展，有利于创业者集聚。距离市场越近，越有利于创业经济行为。良好的能源、交通、通信等基础设施是返乡农民工开展创业活动的基本条件，没有良好的基础设施，创业活动便无法开展，基础设施条件越好，越有利于创业农民工开展生产经营。家庭到城镇的距离影响农民工的返乡创业选择（刘俊威和刘纯彬，2009）。

创业政策能够鼓励创业，稳定创业发展，推动创业文化，降低行业壁垒，提供融资渠道，支持创新等，是以支持创业为目标的改善制度环境的行为。不同区域的创业扶持政策不同，会直接影响到创业成本的高低。边缘地区和核心地区不同创业者对创业的感知及其创业行为不同，边缘地区的创业者在关键创业资源获得和市场可得性方面不如核心地区的创业者，但是他们能够识别和获得更多的创业机会（Christian Felzensztein EliGimmon Claudio Aqueveque，2013）。区域和位置专用性基础设施影响创业者的区位选择（Galbraith et al.，2008），尤其是农业创业者。

第三节 创业区位对创业劳动力获得的影响

农民工返乡创业是带动农村劳动力就近就业、增加农民收入、促进乡村振兴的重要举措,不同地理区位的劳动力供给存在差异,从而影响返乡创业农民工的劳动力可获得性。因此,需要识别影响农民工返乡创业劳动力获得的关键因素,从而制定合适的对策来建立一个返乡创业与当地就业共赢的机制。

一、文献综述与理论假设

(一)地形因素的影响

地形因素在一定程度上决定着人口的密度,与平原相比,山地和丘陵地带的人口密度一般小于平原,相应人口密度决定着返乡农民工创业企业可雇佣工人的数量,同时也决定着其雇佣劳动力的可获得程度。此外,在山地和丘陵地带的居民一般居住比较分散,其社会交往一般基于血缘关系,这种单一关系所建构的社会网络在资源影响方面比较弱,不能为返乡创业农民工提供更多的劳动力资源,而平原自然村之间比较密集,不仅血缘关系的密度较大,而且基于地缘和业缘的外地关系密度也较大,这样所能够提供的劳动力就越多,因此,提出假设1:

假设1:与平原相比,丘陵和山地地形更倾向于获得本地劳动力。

(二)与城镇距离的影响

与城镇的距离一般代表交通的便利性和距离劳动力市场的便利性。与城镇距离越近,其交通便利性越好,越能吸引周边的劳动力聚集在创业企业的周边,提高了农民工创业企业的劳动力的可获得性。同时,与城镇距离越近,距离劳动力市场越近,其更能方便地获得劳动力,劳动力获得更具有柔性。因此,提出假设2:

假设2：与城镇距离越近，农民工创业企业更倾向于雇佣外地劳动力。

（三）创业环境的影响

创业环境和劳动力可得性之间的关系主要从以下三方面解释：首先，较好的创业环境能够推动创业活动，对劳动力需求量较大，也容易形成劳动力的集聚，也更容易吸引外地劳动力集聚，从而更容易使返乡创业农民工获得外地劳动力。其次，本地创业环境越好，越容易促进当地创业活动的发生，使当地创业行为比较活跃，企业之间在劳动力需求方面的竞争比较激烈，造成当地劳动力供不应求，从而不容易雇佣当地劳动力，更倾向于雇佣外地劳动力。最后，创业环境较好的地区，创业活动优化升级较快，对工人技术水平要求逐步提高，而当当地工人的技术不能满足技术进步的需求时，就会从其他地区获得高技术的劳动力。因此，提出假设3：

假设3：创业环境正向影响农民工创业企业获得外地劳动力。

根据前面章节对创业环境的定义，我们从理论上分析以下六个因素的影响：

1. 交通便利性的影响

首先，交通越便利，劳动力在不同村之间的流动越方便，对于农民工创业企业来说，越容易获得外村的劳动力。其次，交通环境的便利性有利于人际交往和交流，同时也有利于劳动力通过短途的摩托车或者电动车实现创业企业和家庭居住地之间的流动。最后，交通便利性能够影响创业农民工搜寻本地劳动力的成本，同时也能影响其获得劳动力的地理范围。因此，提出假设3.1：

假设3.1：交通便利性越好，农民工创业企业越倾向于雇佣外地劳动力。

2. 创业区位基础设施的影响

首先，基础设施的好坏在一定程度上影响当地对劳动力的吸引力，方便的交通、水电和服务设施具有较强的吸引力。其次，基础设施越好，周边农民到达创业企业所需要的时间就越短，这样更能方便其照顾家庭和获得收入。因此，提出假设3.2：

假设3.2：创业区位基础设施越好，农民工创业企业倾向于雇佣外地劳动力。

3. 本地居民创业积极性的影响

本地居民创业的积极性对农民工创业企业的资源获得具有两种影响效应：一种是竞争效应。创业企业数量随创业积极性增加而增加，对劳动力的需求竞争加剧，所以雇佣本地劳动力的数量下降。另一种是挤出效应。创业积极性增加，创业人口数量增加，被雇佣的劳动力减少，因此本地劳动力的雇佣就比较难，相应就需要雇佣更多的外地劳动力。因此，提出假设 3.3：

假设 3.3：本地居民创业积极性越强，越不倾向于雇佣本地劳动力。

4. 本地产业集聚区的影响

在乡村，大量的创业者聚集形成创业集聚区，同样也会形成大量劳动力的集聚，周边乡村大量的劳动力聚集在产业集聚区内部或者周边的特定场合，等待集聚区内部企业的雇佣，这些劳动力一般都能够承担集聚区内企业的所有工序劳动，并且农民工创业企业与雇佣的劳动力都存在一种长期的关系契约。因此，提出假设 3.4：

假设 3.4：本地形成产业集聚区将会提升雇佣本地劳动力的概率。

5. 本地政府支持的影响

政府支持是农民工返乡创业的主要动力。在农民工创业企业成长过程中，政府的支持依然影响较大。区位的环境和动态性影响创业收入和收入增长（Marijkedfihaes，2008）。如果没有政府对一些农业项目的支持，农民工返乡创业获得利润就十分困难，这主要是农业的弱势地位和农村的市场规模所导致的。一方面，政策扶持有利于降低返乡农民工创业成本，得到地方的认可；另一方面，政策扶持还能够形成地方的示范效应，扩大当地农民工返乡创业规模（张秀娥和张峥，2010）。地方化经济、城市化经济以及小企业的大量存在有利于企业家创业（郭琪、贺灿飞和史进，2014）。政府支持显著影响农民工创业企业的成长（李安和李朝晖，2014）。在劳动力方面，政府支持能够形成针对农民工创业企业劳动需求的职业培训体系，为本地农民工创业企业提供大量的专业劳动力和劳动力储蓄，从而提高农民工创业企业雇佣本地劳动力的概率。因此，提出假设 3.5：

假设 3.5：本地政府对农民工创业支持力度越大，农民工雇佣本地劳动力的概率越大。

6. 本地创业的朋友个数的影响

本地创业的朋友个数越多，创业农民工越容易形成创业网络或者嵌入到已经形成的创业网络中，这样，通过朋友介绍和相互之间的信息交流，越倾向于雇佣本地具有经验的劳动力，最重要的是，劳动力可以通过朋友的介绍被返乡创业农民工雇佣，朋友越多，则介绍的可雇佣的本地劳动力就越多。因此，提出假设3.6：

假设3.6：本地创业朋友个数越多，越倾向于雇佣本地劳动力。

二、变量与模型选择

1. 变量

雇工数量即企业经营所必须的劳动力（雇工）。用长期或者短期频繁雇佣的工人人数及其来源计算来源于家乡地雇工的比例。雇工来源主要包括从本地雇工和从外地雇工。雇工对企业来说是人力资本的重要来源，其来源对企业十分重要，对地方经济的发展也十分重要。

2. 模型选择

我们选择回归模型来分析，如果因变量是类型变量，二元的使用 Logisitc 模型：

$$\ln\left(\frac{P_i}{1-P_i}\right) = \alpha + \beta_1 age_i + \beta_2 sex + \beta_3 highschool_i + \beta_4 college_i + \beta_5 duration_i + \beta_6 mountain +$$

$$\beta_7 hills + \beta_8 dis-county + \beta_9 dis-town + \beta_{10} dis-market + \beta_{11} trans + \beta_{12} infras +$$

$$\beta_{13} initiative + \beta_{14} cluster + \beta_{15} support + \beta_{16} en-friends$$

三、实证结果

1. 地形对雇工来源的影响

我们使用线性回归模型来分析农民工返乡创业企业的雇工来源。雇工数量以人数为衡量单位，表示来源于家乡地的雇工数量。实证结果如表3-4所示，与平原相比，山地的雇工更倾向于本地来源，并且在10%统计水平上显著。与平原相比，丘陵地不倾向于雇佣本地雇工。这部分支持我们的假设1，其中可能的原因是山地人口密度更小，外来人口进入山地工作的交通成本较大，因此倾向于雇佣本地劳动力，而丘陵地带交通条件相对较好，容易雇佣到外地的劳动力。

表3-4　地形对创业区位雇工来源的影响

	模型1	模型2
常数项	0.3700 (6.3782)	2.5230 (6.3093)
age	0.2214 (0.1571)	0.1947 (0.1565)
sex	−5.1036* (2.6955)	−4.9748* (2.6995)
highschool	−1.0394 (2.9977)	−0.9835 (3.0038)
college	12.5931*** (3.6559)	12.5882*** 3.6750
duration	0.5951** (0.2825)	0.5267* (0.2831)
mountain	9.5603* (5.1511)	
hills		−8.1494 (6.0124)
F (6,369)	4.10***	3.81***
R-squared	0.0625	0.0584
Adj R-squared	0.0472	0.0431

注：在教育程度中，初中及初中以下为参照系。地形分为平原、山地和丘陵三类，平原为参照系。括号内为标准误。＊＊＊表示在1%水平上显著；＊＊表示在5%水平上显著；＊表示在10%水平上显著。

2. 与县城、城镇、集镇距离对雇工来源的影响

如表3-5所示：①与县城的距离越远，越倾向于雇佣本地劳动力，并且回归系数在1%的统计水平上显著，这个结论支持我们的假设2。②与城镇的距离越远，越倾向于雇佣本地劳动力，并且系数在1%的统计水平上显著，该结论支持

我们的假设2。③与集镇的距离虽然正向影响本地劳动力的雇佣，但是在统计水平上不显著，其中可能的原因是集镇并没有影响到劳动力市场，其与乡村的距离较近。与县城距离和集镇距离的增加，使创业者更倾向于雇佣本地劳动力，关键是劳动力迁移导致劳动力成本较高，而距离城镇较近的返乡创业农民工大多从事农业创业，技术要求并不太高，一般倾向于雇佣本地劳动力。

表3-5　与城乡距离对劳工来源的影响

	模型1	模型2	模型3
常数项	−1.3709 (6.4558)	−1.0043 (6.4001)	2.0718 (6.3352)
age	0.2120 (0.1559)	0.2188 (0.1559)	0.1932 (0.1572)
sex	−5.2586 ** (2.6890)	−5.3248 ** (2.6876)	−4.9423 * (2.7080)
highschool	−0.0954 (3.0069)	−0.5086 (2.9890)	−0.0860 (3.0117)
college	13.0962 *** (3.6589)	11.8889 *** (3.6280)	12.0549 *** (3.6591)
duration	0.5420 * (0.2808)	0.5157 * (0.2810)	0.5343 * (0.2859)
dis−county	0.1439 *** (0.0598)		
dis−town		0.3064 *** (0.1202)	
dis−market			0.0156 (0.0305)
F (6,369)	4.51 ***	4.63 ***	3.54 ***
R-squared	0.0683	0.0701	0.0544
Adj R-squared	0.0532	0.0549	0.0390

注：在教育程度中，初中及初中以下为参照系。地形分为平原、山地和丘陵三类，平原为参照系。括号内为标准误。***表示在1%水平上显著；**表示在5%水平上显著；*表示在10%水平上显著。

3. 创业环境对雇工来源的影响

使用计量经济学模型分析创业环境对雇工来源的影响，结果如表3-6所示：

①交通便利性负向影响农民工创业企业雇佣本地劳动力的概率，并且系数在1%的统计水平上显著，验证了假设3.1。②基础设施对农民工创业企业雇佣本地劳动力具有负向影响，但是系数在10%统计水平上不显著，在影响方向上符合假设3.2，不显著的原因可能在于：一方面，地区之间基础设施的差异并不十分显著，对被雇佣工人的影响不大；另一方面，农村地区企业雇佣的劳动力都是附近的农民，倾向于在企业打工工作、在家居住，对基础设施的需求不高。假设3.2没有被验证。③本地产业集聚对农民工创业企业雇佣本地劳动力具有正向影响，但在统计上不显著。所以，本地产业集聚能够推动农民工雇佣本地劳动力，但影响效应不大，其主要原因可能在于产业集聚使大量的同行企业聚集在有限的地理范围内，对本地劳动力形成竞争效应，从而造成雇佣本地劳动力的成本增加，产业集聚对农民工创业企业雇佣本地劳动力的影响不显著。假设3.3没有被验证。④政府支持力度对农民工创业企业雇佣本地劳动力具有正向影响，并且在1%统计水平上显著，验证了假设3.4。对于理性政府来说，支持农民工返乡创业一方面是推动地方经济的发展，增加税收；另一方面是推动就业，满足本地劳动力就业的需求。⑤本地创业朋友的个数正向影响农民工创业企业雇佣本地劳动力，并且影响系数在5%统计水平上显著，验证了假设3.5。创业朋友是本地社会网络的重要构成部分，通过朋友的介绍，农民工创业企业能够雇佣到技术和业务熟练的本地劳动力。

表3-6　创业环境对雇工来源的影响

	模型1	模型2	模型3	模型4	模型5	模型6
常数项	15.7472 (7.5984)	9.0218 (7.6909)	8.3617 (7.6831)	−0.6859 (6.5025)	−8.4432 (7.1599)	−0.9474 (6.5041)
age	0.1928 (0.1547)	0.1831 (0.1563)	0.1798 (0.1564)	0.1979 (0.1561)	0.1908 (0.1548)	0.2182 (0.1567)
sex	−5.6087** (2.6811)	−4.7878* (2.6971)	−5.1211* (2.7043)	−5.0335* (2.6945)	−4.2773 (2.6783)	−5.0249* (2.6923)
highschool	−0.2827 (2.9793)	−0.7785 (3.0028)	−0.9025 (3.0031)	−0.8862 (2.9974)	−1.2379 (2.9752)	−0.6925 (2.9975)

续表

	模型1	模型2	模型3	模型4	模型5	模型6
college	9.9824*** (3.6713)	11.5338*** (3.6614)	11.5483*** (3.6655)	11.6268*** (3.6492)	11.2241*** (3.6229)	11.9096*** (3.6410)
duration	0.4508 (0.2814)	0.5245* (0.2828)	0.5827** (0.2829)	0.5672** (0.2818)	0.5288* (0.2796)	0.4438 (0.2873)
trans	-3.0259*** (0.9745)					
infras		-1.464 (0.9594)				
initiative			-1.4836 (1.0729)			
cluster				4.6989 (2.5740)		
support					2.8323*** (0.9244)	
en-friends						5.0846** (2.5960)
F (6,369)	5.19***	3.90***	3.83***	4.08***	5.14***	4.17***
R-squared	0.0778	0.0596	0.0586	0.0622	0.0772	0.0637
AdjR-squared	0.0628	0.0433	0.0433	0.0469	0.0622	0.0482

注：在教育程度中，初中及初中以下为参照系。地形分为平原、山地和丘陵三类，平原为参照系。括号内为标准误。***表示在1%水平上显著；**表示在5%水平上显著；*表示在10%水平上显著。

四、研究结论

首先，区位中的地理因素维度能够显著影响农民工创业企业的雇工来源，在一定的地理区位上，雇工来源是农民工创业区位选择的一个重要因素，同时也是影响农民工创业企业成长的关键。其次，区位创业环境中的部分因素显著影响农民工创业企业的雇工来源，其中交通设施的便利性、政府对创业支持的力度和本地创业朋友的个数显著正向影响农民工雇佣本地劳动力，这也从侧面说明了政府支持农民工返乡创业能够有效地推动当地的就业。

第四节　创业区位对创业资金获得的影响

　　创业资金的获得对于创业成功具有十分重要的作用，研究发现：拥有较多社会资本的农民工更容易通过民间渠道获得资金，从而更容易进行返乡创业（丁冬、傅晋华和郑风田，2013）。促进农民工创业不仅要积极改善其融资环境，还要实施科学的信贷政策瞄准机制（李长生和黄季焜，2020）。供给型和需求型信贷约束抑制了农民工返乡创业的意愿（于欣誉等，2018），需要探索多种类型的创业信贷扶持政策。农民工创业者对初始资金需求大，但金融意识淡薄，融资方式仅局限于传统的储蓄借款方式（张若瑾，2018）。简化贷款审批程序、多样化金融产品和服务、建立返乡农民工创业国家金融支持及创业资金与奖励性体制机制，有利于满足返乡农民工创业融资的需求，提高创业效率（石涛，2016）。农民工社会网络中资金资源的有限性和新创企业对产业网络嵌入的困难，制约着农民工创业参与度与创业成功率的提高（庄晋财、尹金承和王春燕，2015）。

一、创业区位对自有资金比率的影响

（一）理论假设

1. 地形的影响

农民工返乡创业资金的主要来源是自有资金，与平原相比，山地和丘陵地带的农民工储蓄意识较强，为应付生计和自然风险的影响，倾向于更多地储存资金，因此自有资金比例较高。因此，提出假设1：

假设1：与平原相比，山地和丘陵会提高创业农民工自有资金的比例。

2. 与城镇距离的影响

与城镇距离越近，借贷市场越发达，创业农民工越容易通过非正规市场和正规的金融市场获得借贷资金和信贷资金，相比较而言更倾向于借贷资金，因此自有资金比率下降。因此，提出假设 2：

假设 2：与城镇距离越近，其自有资金比率越低。

3. 创业环境的影响

较好的创业环境有利于创业活动，同时也推动了当地金融和信贷活动的发展，较为活跃的金融信贷活动（正规信贷和非正规信贷）为返乡创业农民工提供更多的借贷资金，从而降低自有资金的比例。因此，提出假设 3：

假设 3：创业环境负向影响返乡创业农民工自有资金的比率。

（1）交通便利性的影响。交通越便利，社会关系交往的范围就越大，内部交往的频率就越大，创业农民工就越倾向于通过社会网络获得借贷资金，相应自有资金的比例就会下降。因此，提出假设 3.1：

假设 3.1：交通越便利，自有资金比率越低。

（2）基础设施的影响。基础设施条件反映了一个地区创业环境的优越性。基础设施越好，创业者越多，同时也越容易聚集大量的借贷供给者，能够为创业者提供更多的借贷资金，相应自有资金的比率就会下降。从需求方面来看，创业比较活跃的地区，创业成长速度较快，通过自有资金来满足创业成长就比较困难，需要更多的借贷资金，从而降低了自有资金的比率。因此，提出假设 3.2：

假设 3.2：基础设施条件越好，农民工创业中自有资金比率越低。

（3）创业积极性的影响。创业积极性越高，创业者越多，对借贷资金的需求就越大。从供给角度来看，创业积极性推动了信贷活动的集中，为创业者提供更多的借贷资金。从需求角度来看，自有资金已经不能满足更多创业机会的需求，需要从外部获得更多的资金来满足创业活动的优化升级和抓住更多的创业机会。因此，提出假设 3.3：

假设 3.3：当地创业积极性越高，自有资金的比率就越低。

（4）产业集聚的影响。一方面，产业集聚导致企业的集聚，在有限的地理空间内，企业大量存在，企业之间的拆借、赊欠所带来的短期融资增加；另一方面，创业活动和企业的集聚，必然带来资金的需求，而资金需求的集聚会带来金融资金供给者的集聚，从而为创业活动提供更多的资金。因此，提出假设3.4：

假设3.4：与其他地区相比，创业聚集的区位创业农民工自有资金比率较低。

（5）政府扶持的影响。政府对农民工创业的扶持政策是拉动农民工创业的主要动力之一，同时也是推动农民工创业成长的关键动力之一，信贷政策是扶持的一个重要方面，政府扶持力度越大，其信贷支持越强，农民工创业越容易获得正规信贷支持。因此，提出假设3.5：

假设3.5：政府对农民工创业扶持越强，其通过自有资金创业的比率就越小。

（6）同行创业朋友个数的影响。同行创业朋友的个数越多，其在该行业创业的社会网络就越强，能够通过该网络获得借贷资金的可能性就越大，通过自有资金创业的比率就越小。因此，提出假设3.6：

假设3.6：当地同行创业的朋友个数负向影响自有资金的比率。

（二）变量与模型选择

1. 变量

被解释变量是自有资金的比率，即创业总投入中自有资金所占的比重。解释变量同前面章节。

2. 模型选择

我们选择线性回归模型，解释变量同前面章节：

$$y_i = \alpha + \beta_1 age_i + \beta_2 sex + \beta_3 highschool_i + \beta_4 college_i + \beta_5 duration_i + \beta_6 mountain + \beta_7 hills +$$
$$\beta_8 dis-county + \beta_9 dis-town + \beta_{10} dis-market + \beta_{11} trans + \beta_{12} infras + \beta_{13} initiative +$$
$$\beta_{14} cluster + \beta_{15} support + \beta_{16} en-friends$$

（三）实证结果

1. 地形的影响

我们将创业自有资金的比例作为因变量，用"self-fin"表示，使用线性回归模型识别地形对自有资金的影响。我们使用平原作为参照系，分析山地和丘陵地形对农民工自有资金的影响，结果如表 3-7 所示：①与平原地区相比，山地创业的农民工更倾向于使用自有资金创业，但是系数在统计水平上并不显著。②与平原相比，丘陵地带的农民工更不倾向于使用自有资金创业，但是系数在统计水平上并不显著。综上所述，假设 1 没有被验证，其中可能的原因是：首先，山地与平原相比，创业者通过社会关系网络获得借贷资金和通过正规金融机构获得正规贷款的概率都比较小，因此更倾向于通过自有资金进行创业。其次，丘陵地带与平原比较类似，其获得创业资金的渠道较多，并且政府部门在绿色创业方面有资金支持，因此更倾向于获得外部政府支持的林地、果树和农家乐等方面的创业。最后，山地和丘陵地带创业的农民工样本较少。

表 3-7　地形对自有资金比率的影响

	模型 1	模型 2
常数项	67.9204 *** (7.3997)	68.1872 *** (7.2872)
age	-0.0339 (0.1823)	-0.0253 (0.1807)
sex	1.4160 (3.1273)	1.2987 (3.1179)
highschool	-1.4405 (3.4778)	-1.5157 (3.4694)
college	-2.8763 (4.2414)	-2.2385 (4.2445)
duration	-0.9725 ** (0.3277)	-1.0051 *** (0.3270)
mountain	**0.0537** **(5.9762)**	
hills		**-9.0836** **(6.9443)**
F (6,369)	1.62 *	1.92 **
R-squared	0.0257	0.0302
Adj R-squared	0.0099	0.0144

注：在教育程度中，初中及初中以下为参照系。地形分为平原、山地和丘陵三类，平原为参照系。括号内为标准误。 *** 表示在 1% 水平上显著；** 表示在 5% 水平上显著；* 表示在 10% 水平上显著。

2. 与城镇距离的影响

我们使用线性回归模型分析与县城、城镇、集镇距离对自有资金比率的影响，结果如表3-8所示：①与县城的距离负向显著影响农民工返乡利用自有资金的比率，即距离县城越远，自有资金比率越小，并且系数在5%统计水平上显著。这与我们的假设2不符，其中可能的原因在于距离县城越远，地理位置就越偏远，返乡创业农民工的资金积累就越少，因此其自有资金在创业资金中所占的比率就越小。②与城镇的距离负向影响农民工创业资金中自有资金的比例，并且系数在1%的统计水平上显著，这说明距离城镇越远，自有资金的比率就越低。③与集镇的距离负向影响农民工创业资金的比率，系数在1%统计水平上显著。

表3-8　与县城、城镇、集镇距离对自有资金比率的影响

	模型1	模型2	模型3
常数项	71.8139*** (7.4643)	73.4347*** (7.3197)	69.1418*** (7.2596)
age	−0.0608 (0.1802)	−0.0875 (0.1783)	−0.0692 (0.1801)
sex	1.8310 (3.1091)	2.1792 (3.0738)	1.8219 (3.1031)
highschool	−2.3088 (3.4766)	−2.1188 (3.4185)	−1.7382 (3.4511)
college	−4.0273 (4.2304)	−2.6722 (4.1493)	−3.1078 (4.1930)
duration	−0.9582*** (0.3247)	−0.9058*** (0.3213)	−0.8554*** (0.3277)
dis-county	−0.1525** (0.0691)		
dis-town		−0.5113*** (0.1375)	
dis-market			−0.0857** (0.0349)
F (5,371)	2.46**	3.99***	2.65**
R-squared	0.0384	0.0609	0.0413

	模型 1	模型 2	模型 3
Adj R-squared	0.0228	0.0456	0.0257

注：在教育程度中，初中及初中以下为参照系。地形分为平原、山地和丘陵三类，平原为参照系。括号内为标准误。＊＊＊表示在1%水平上显著；＊＊表示在5%水平上显著。

综上所述，与县城、城镇和集镇的距离显著负向影响自有资金的比率，这与我们的假设2不符，其中可能的原因是越偏远的地区，创业农民工创业的资金积累越少，越倾向于通过政府网络或政府支持来获得创业资金，这也从侧面说明，越是偏远的地区，对农民工返乡创业的支持力度就应该越大，尤其是信贷支持。

3. 创业环境的影响

我们使用线性回归模型分析创业环境对自有资金的影响，结果如表3-9所示：①创业环境中的五个方面对自有资金比率都具有负向影响，即在其他条件不变情况下，创业环境越好，自有资金比率就越低。②除政府支持对自有资金比率的影响在10%的统计水平上显著，其他方面的影响在统计水平上都不显著。③假设3没有得到验证，其中可能的原因是在创业环境较好的地区，政府的扶持资金和金融机构的信贷供给较充足，农民工创业更容易获得政府的补贴资金和正规金融机构的信贷资金。

表3-9　创业环境对自有资金的影响

	模型 1	模型 2	模型 3	模型 4	模型 5	模型 6
常数项	63. 1819 *** （8. 8779）	70. 6562 *** （8. 9059）	75. 6854 *** （8. 8672）	70. 2203 *** （7. 5279）	75. 6303 *** （8. 3326）	70. 1011 *** （7. 5368）
age	−0. 0362 （0. 1808）	−0. 0356 （0. 1810）	−0. 0430 （0. 1805）	−0. 0426 （0. 1808）	−0. 0369 （0. 1801）	−0. 0551 （0. 1816）
sex	1. 6787 （3. 1325）	1. 4500 （3. 1232）	1. 0944 （3. 1211）	1. 5443 （3. 1194）	0. 9936 （3. 1169）	1. 5222 （3. 1198）
highschool	−1. 6632 （3. 4810）	−1. 3843 （3. 4771）	−1. 4232 （3. 4660）	−1. 4623 （3. 4701）	−1. 2086 （3. 4624）	−1. 5891 （3. 4734）
college	−2. 1628 （4. 2895）	−3. 0737 （4. 2399）	−3. 4735 （4. 2304）	−2. 5828 （4. 2246）	−2. 3138 （4. 2163）	−2. 8103 （4. 2190）
duration	−0. 9357 *** （0. 3288）	−0. 9854 *** （0. 3275）	−0. 9383 *** （0. 3265）	−0. 9815 *** （0. 3262）	−0. 9534 *** （0. 3254）	−0. 8978 *** （0. 3329）

续表

	模型1	模型2	模型3	模型4	模型5	模型6
trans	1.0681 (1.1387)					
infras		−0.5932 (1.1110)				
initiative			−1.8957 (1.2382)			
cluster				−3.6103 (2.9799)		
support					−2.0310* (1.0758)	
en-friends						−3.4045 (3.0082)
$F_{(6,369)}$	1.77*	1.67	2.02	1.87*	2.23**	1.84*
R-squared	0.0280	0.0265	0.0319	0.0296	0.0350	0.0291
Adj R-squared	0.0122	0.0106	0.0161	0.0138	0.0194	0.0133

注：在教育程度中，初中及初中以下为参照系。地形分为平原、山地和丘陵三类，平原为参照系。括号内为标准误。＊＊＊表示在1%水平上显著；＊＊表示在5%水平上显著；＊表示在10%水平上显著。

（四）研究结论

在本部分的分析中，地形因素和创业环境因素对农民工自有资金的比率都没有显著影响，假设1和假设3都没有得到验证。与县城、城镇、集镇的距离负向影响农民工创业资金中自有资金的比率，并且系数在统计水平上显著，这与本部分的假设相违背。地理因素和环境因素对农民工自有资金比率的影响启示我们，要加大对偏远地区的信贷支持力度，提高信贷服务水平，更好地刺激偏远地区的创业经济发展。

二、创业区位对民间借贷资金比率的影响

（一）理论假设

1. 地形的影响

与平原相比，山地和丘陵地带一方面人口密度较低，居民相互之间居住距离较远，很难形成有效的社会网络，社会网络的活性也较低，能够有效形成资金互动网络的概率也较低；另一方面，山地和丘陵地带相对平原来说，经济活动较少，收入来源有限，居民没有形成有效的资金积累，可借贷的资金有限。因此，提出假设1：

假设1：与平原相比，山地和丘陵负向影响借贷资金的比率。

2. 与城镇距离的影响

与城镇距离越近，从事市场交易的机会就越多，就业机会就越多，居民就会积蓄较多的储蓄资金，创业农民工返乡后，就越有机会获得借贷资金，因此在总创业资金中，借贷资金的比率较高。因此，提出假设2.2：

假设2：与城镇距离越近，借贷资金所占比率越高。

3. 创业环境的影响

创业环境正向影响农民工创业活动中借贷资金的比率。首先，创业环境推动创业活动的区位集聚，创业活动的区位集聚引致借贷资金供给者的集聚，从而能够提供更多的借贷资金。其次，好的创业环境会自发创造更多的创业机会，推动农民工创业企业的成长，从而带动更多的借贷资金需求，相应借贷活动的增加使借贷资金增加。最后，从政府部门来说，好的创业环境的指标之一就是能提供更多的创业融资环境，政府为了更好地推动创业，对正规信贷部门进行激励，提供更多的信贷资金。因此，提出假设3：

假设3：创业环境正向影响返乡创业农民工借贷资金的比率。

（1）交通便利性的影响。交通越便利，社会关系交往的范围就越大，内部交往的频率就越大，创业农民工就越倾向于通过社会网络获得借贷资金，相应自有资金的比例下降，民间借贷资金所占比率就越高，因此，提出假设3.1：

假设3.1：交通便利性越好，借贷资金比率就越高。

（2）基础设施的影响。基础设施条件反映了一个地区创业环境的优越性，基础设施条件越好，创业者越多，对借贷资金的需求就越大，从需求方面来看，借贷资金需求之间的竞争就越激烈，越不容易获得借贷资金。因此，提出假设3.2：

假设3.2：基础设施条件越好，借贷资金的比率就越低。

（3）创业积极性的影响。创业积极性越强，创业者越多，对借贷资金的需求就越大，农民工通过借贷市场获得借贷资金或者信贷资金的概率就越小。因此，提出假设3.3：

假设3.3：当地创业积极性越强，借贷资金所占的比率就越低。

（4）产业集聚的影响。产业集聚导致企业的集聚，在有限的地理空间内，企业大量存在，企业经营需要大量的借贷资金，借贷资金的稀缺性增强，除利息上升外，分配给每一个企业的份额必将下降，借贷资金所占的比率下降，因此，提出假设3.4：

假设3.4：与其他地区相比，在创业集聚的区位创业农民工借贷资金比率偏低。

（5）政府扶持的影响。政府对农民工创业的扶持政策是拉动农民工创业的主要动力之一，同时也是推动农民工创业成长的关键动力之一，信贷政策是扶持的一个重要方面。政府扶持力度越大，其信贷支持越强，农民工创业越容易获得正规信贷支持，相反，借贷资金所占的比率就越低。因此，提出假设3.5：

假设3.5：政府支持程度越大，借贷资金比率越低。

（6）同行创业朋友个数的影响。同行创业朋友的个数越多，其在该行业创业的社会网络就越强，其能够通过该网络获得借贷资金的可能性就越大，贷款资金的比率就越小。

假设3.6：当地同行创业的朋友个数负向影响借款资金的比率。

（二）变量与模型选择

被解释变量是"民间借款资金的比率"，用百分比表示。解释变量同前面章节。

我们选择以下线性回归模型：

$$y_i = \alpha + \beta_1 age_i + \beta_2 sex + \beta_3 highschool_i + \beta_4 college_i + \beta_5 duration_i + \beta_6 mountain + \beta_7 hills +$$
$$\beta_8 dis-county + \beta_9 dis-town + \beta_{10} dis-market + \beta_{11} trans + \beta_{12} infras + \beta_{13} initiative +$$
$$\beta_{14} cluster + \beta_{15} support + \beta_{16} en-friends$$

（三）实证结果

1. 地形的影响

我们使用线性回归模型来分析，结果如表 3-10 所示：①与平原相比，山地和丘陵地带对农民工借款资金比率的影响是负的，即与平原地区相比，山地和丘陵地带的农民工创业资金中借贷资金的比率要低，但是系数在统计水平上并不显著。②本部分假设 1 没有得到验证，其中可能的原因是：首先，山地和丘陵地带的样本较少；其次，与人口的密度有关，山地和丘陵地带人口密度较小，社会网络活跃度不高，相互之间的拆借并不十分活跃；最后，山地和丘陵地带创业风险更大，被认同的程度不高。

表 3-10　地形对借款比率的影响

	模型 1	模型 2
常数项	12.8269*** (4.7179)	11.6290** (4.6726)
age	0.2140* (0.1162)	0.2366** (0.1159)
sex	−3.7081* (1.9939)	−3.8668* (1.9992)
highschool	6.5068*** (2.2173)	6.4222*** (2.2246)
college	1.2363 (2.7042)	1.6554 (2.7216)
duration	0.1514 (0.2089)	0.1738 (0.2096)
mountain	−6.0571 (3.8103)	
hills		−0.7317 (4.4527)
$F_{(6, 369)}$	3.60***	3.16***
R-squared	0.0522	0.0488
Adj R-squared	0.0399	0.0399

注：在教育程度中，初中及初中以下为参照系。地形分为平原、山地和丘陵三类，平原为参照系。括号内为标准误。***表示在 1% 水平上显著；**表示在 5% 水平上显著；*表示在 10% 水平上显著。

2. 与城镇距离对借款比率的影响

使用线性回归模型分析与城镇距离对借款比率的影响，结果如表3-11所示：①与县城、城镇与集镇的距离这三个变量都负向影响农民工创业的借款比率，即距离越大，借款的比率就越小。②距离变量的系数在统计水平上都不显著。③我们的假设2没有得到验证，其中可能的原因是：首先，与城镇的距离越远，当地居民的收入水平越低，资金积累就越少，很少有闲余的资金来借贷给创业农民工；其次，距离城镇越远，当地居民就越保守，对创业这种风险行为的认同感就不强，也就缺乏借贷给创业农民工的意愿。

表3-11 与城镇距离对贷款比率的影响

	模型1	模型2	模型3
常数项	13.2741*** (4.7926)	12.7751*** (4.7602)	11.9239*** (4.6757)
age	0.2244* (0.1157)	0.2245* (0.1159)	0.2267* (0.1160)
sex	-3.6798* (1.9962)	-3.6957* (1.9990)	-3.7518* (1.9986)
highschool	6.0555*** (2.2322)	6.2843*** (2.2231)	6.3505*** (2.2228)
college	1.1113 (2.7162)	1.6477 (2.6984)	1.5442 (2.7006)
duration	0.1826 (0.2085)	0.1905 (0.2090)	0.2069 (0.2110)
dis-county	-0.0654 (0.0444)		
dis-town		-0.1084 (0.0894)	
dis-market			-0.0223 (0.0225)
F (6,369)	3.53***	3.41***	3.33***
R-squared	0.543	0.0525	0.0513
Adj R-squared	0.0390	0.0371	0.0359

注：在教育程度中，初中及初中以下为参照系。地形分为平原、山地和丘陵三类，平原为参照系。括号内为标准误。***表示在1%水平上显著；*表示在10%水平上显著。

3. 创业环境对借款比率的影响

我们使用线性回归模型分析创业环境对贷款比率的影响，结果如表 3-12 所示：①创业环境中的变量对借款比率的影响效应存在差异，其中交通便利性和产业集聚对借贷资金比率具有正向影响，基础设施、创业积极性、政府支持力度和创业朋友个数对借贷资金的比率具有负向影响。②创业环境中所有变量对借贷资金比率的影响在统计水平上都不显著。③假设 3 并没有得到验证，其中可能的原因是：首先，创业环境好的地区，创业活动也比较活跃，对民间借贷资金的需求就大，形成对借贷资金需求的竞争行为，使有限的借贷资金不能到农民工手中。其次，从借贷资金的供给方考虑，资金的借贷需要考虑风险和收益，而农民工长期离开家乡，突然返回家乡创业，家乡地的借贷资本对其认同感不强，风险感增强。最后，农民工家乡的社会网络由于缺乏维护，关系的强度减弱，从而使其获得借款的渠道减少。

表 3-12　创业环境对借款比率的影响

	模型 1	模型 2	模型 3	模型 4	模型 5	模型 6
常数项	8.5864 (5.6797)	11.6774** (5.6998)	13.9849** (5.6867)	10.3057** (4.8180)	11.6517** (5.3565)	12.8810*** (4.8230)
age	0.2345** (0.1157)	0.2358** (0.1158)	0.2331** (0.1158)	0.2407** (0.1157)	0.2358** (0.1158)	0.2235* (0.1162)
sex	-3.6909* (2.0041)	-3.8564* (1.9988)	-3.9562* (2.0016)	-3.9294* (1.9965)	-3.8596* (2.0037)	-3.7957* (1.996)
highschool	6.2862*** (2.2270)	6.4297*** (2.2254)	6.4334*** (2.2228)	6.4411*** (2.2209)	6.4296*** (2.2258)	6.3407*** (2.2227)
college	2.0598 (2.7443)	1.5988 (2.7135)	1.4217 (2.7130)	1.4348 (2.7038)	1.6069 (2.7104)	1.6443 (2.6999)
duration	0.1999 (0.2103)	0.1760 (0.2096)	0.1869 (0.2094)	0.1814 (0.2088)	0.1765 (0.2092)	0.2203 (0.2130)
trans	0.6796 (0.7285)					
infras		-0.0150 (0.7110)				

续表

	模型 1	模型 2	模型 3	模型 4	模型 5	模型 6
initiative			−0.5810 (0.7941)			
cluster				2.0545 (1.9072)		
support					−0.0114 (0.6915)	
en-friends						−1.996 (1.9250)
F (6,369)	3.31***	3.15***	3.25***	3.36***	3.15***	3.34***
R-squared	0.0510	0.0488	0.0502	0.0518	0.0488	0.0515
Adj R-squared	0.0350	0.0333	0.0363	0.0363	0.0333	0.0361

注：在教育程度中，初中及初中以下为参照系。地形分为平原、山地和丘陵三类，平原为参照系。括号内为标准误。***表示在1%水平上显著；**表示在5%水平上显著；*表示在10%水平上显著。

三、正规金融机构贷款资金比率影响因素

（一）理论假设

1. 地形因素的影响

相对而言，平原地区人口密度更大，正规金融机构的网点密度较大，金融信息传播和获得的可能性较高，因此与山地和丘陵相比，平原地区创业的农民工创业资金中，贷款资金所占的比率较山地和丘陵高。因此，提出假设1：

假设1：与丘陵和山地相比，平原地区创业农民工贷款的比率更高。

2. 与城镇距离的影响

正规金融机构的贷款需要到城镇或者县城金融机构办理手续，并且需要了解金融机构贷款信息，与城镇距离越近，越容易获得相应的信贷信息，并且容易与正规金融机构建立关系，更容易获得贷款资金。因此，提出假设2：

假设2：与城镇距离越近，农民工创业资金中贷款资金的比率越高。

3. 创业环境的影响

（1）交通便利性的影响。交通便利性对农民工返乡创业贷款可获得性的影响有两方面：一方面，交通越便利，创业农民工到金融机构所在地就越方便，其

信息获取就越便利，贷款可得性就越强；另一方面，交通越便利，社会关系交往的范围就越大，内部交往的频率就越高，创业农民工就越倾向于通过社会网络获得借贷资金，贷款获得的激励就不强。因此，提出假设3.1：

假设3.1：交通便利性对农民工创业资金中贷款比率的影响是不确定的。

（2）基础设施的影响。基础设施条件反映了一个地区创业环境的优越性，基础设施条件越好，创业者越多，对借贷资金的需求就越大，从需求方面看，贷款资金需求之间的竞争就越强，越不容易获得贷款资金。因此，提出假设3.2：

假设3.2：基础设施条件越好，贷款资金的比率就越低。

（3）创业积极性的影响。创业积极性越强，创业者越多，对贷款资金的需求就越大，农民工通过正规金融机构获得贷款的机会就越小。因此，提出假设3.3：

假设3.3：当地创业积极性越强，借贷资金所占的比率就越低。

（4）产业集聚的影响。产业集聚导致企业的集聚，在有限的地理空间内，企业大量存在，企业经营需要大量的贷款资金，贷款资金的稀缺性增强，除利息上升外，分配给每一个企业的份额必将下降，贷款资金所占的比率下降，因此，提出假设3.4：

假设3.4：与其他地区相比，在创业集聚的区位创业农民工贷款资金比率偏低。

（5）政府扶持的影响。政府对农民工创业的扶持政策是拉动农民工创业的主要动力之一，同时也是推动农民工创业成长的关键动力之一，信贷政策是扶持的一个重要方面，政府扶持的力度越大，其信贷支持越强，农民工创业获得贷款资金的机会就越大。因此，提出假设3.5：

假设3.5：政府支持程度越大，贷款资金比率越高。

（6）同行创业朋友个数的影响。一方面，同行创业朋友的个数越多，其在该行业创业的社会网络就越强，通过该网络获得借贷资金的可能性就越大，贷款的概率就越小；另一方面，社会关系网络越强，越有可能与银行建立关系，就越有可能获得贷款。因此，提出假设3.6：

假设 3.6：当地同行创业的朋友个数对银行贷款所占的比率影响是不确定的。

（二）变量与模型选择

被解释变量是贷款资金的比率，即贷款资金在创业总投资中所占的比率，用百分比表示。解释变量同前面章节。

我们选择以下线性回归模型分析贷款资金比率的影响因素：

$$y_i = \alpha + \beta_1 age_i + \beta_2 sex + \beta_3 highschool_i + \beta_4 college_i + \beta_5 duration_i + \beta_6 mountain + \beta_7 hills +$$
$$\beta_8 dis-county + \beta_9 dis-town + \beta_{10} dis-market + \beta_{11} trans + \beta_{12} infras + \beta_{13} initiative +$$
$$\beta_{14} cluster + \beta_{15} support + \beta_{16} en-friends$$

（三）实证结果

1. 地形的影响

我们使用线性回归模型分析地形对贷款比例的影响，结果如表 3-13 所示：①与平原相比，山地对贷款的比率具有负向影响，即山地农民工创业资金中贷款所占的比率要小于平原；丘陵对农民工创业资金中贷款的比率具有正向影响，即与平原相比，丘陵地带农民工创业资金中，贷款所占的比率要高于平原地区。②山地的影响系数在统计水平上并不显著，丘陵对贷款比率的影响系数在5%统计水平上显著。③假设1并没有得到验证，相对而言，丘陵地带的影响系数在方向上有悖于本部分的假设。其中可能的原因有：丘陵地带居民资金积累有限，创业农民工打工积累有限，在投资创业项目时，不可避免地求助于正规信贷机构或者政府补贴资金，这也说明了丘陵地带创业农民工资金投入中贷款比率要高于平原，同时从侧面说明，相对于贫困地区和偏远地区，政府的资金支持和正规金融机构的资金支持具有十分重要的意义，政府部门和金融机构应加强对贫困地区和偏远地区农民工创业的资金支持。

表 3-13　地形对贷款比率的影响

	模型 1	模型 2
常数项	9.4626 ***	9.2235 ***
	（3.5812）	（3.5093）

续表

	模型 1	模型 2
age	0.0083 （0.0882）	0.0011 （0.0870）
sex	-2.7944* （1.5135）	-2.6953* （1.5015）
highschool	-1.5856 （1.6831）	-1.5219 （1.6707）
college	-1.0451 （2.0527）	-1.5878 （2.0440）
duration	0.3303* （0.1586）	0.3584** （0.1574）
mountain	-0.0991 （2.8922）	
hills		7.7751** （3.3441）
F（6,369）	1.55	2.47**
R-squared	0.0246	0.0386
Adj R-squared	0.0087	0.0230

注：在教育程度中，初中及初中以下为参照系。地形分为平原、山地和丘陵三类，平原为参照系。括号内为标准误。***表示在1%水平上显著；**表示在5%水平上显著；*表示在10%水平上显著。

2. 与城镇距离的影响

我们使用线性回归模型分析与城镇距离对创业资金中贷款比率的影响，结果如表3-14所示：①在距离变量中，与县城、城镇和集镇的距离对农民工创业资金中贷款所占的比率具有正向影响，即距离越远，贷款在创业资金中所占的比率就越高。②距离变量对贷款比率的影响在统计水平上都不显著。③假设2没有得到验证，其中根本的原因是：首先，从非正规金融和正规金融替代角度来看，偏远地区非正规金融不发达，民间借贷行为较少，规模有限，并且政府部门支持农村创业，因此，相比较而言，正规金融机构的贷款是最优选择。其次，从对创业农民工创业的支持行为来看，偏远地区农村居民更具有风险规避的倾向，而对于返乡农民工具有风险的创业行为，本地居民的认同感和支持意愿都不强，因此不愿意借款给创业农民工。最后，偏远地区创业农民工创业的选择一般都在农业范围内，国家扶持政策和信贷政策都有支持，并且信息较为透明，因此农民工倾向于选择正规的金融机构获得贷款。

表3-14 与城镇距离对创业资金贷款比率的影响

	模型1	模型2	模型3
常数项	8.7827 ** (3.6332)	8.6020 ** (3.6017)	9.0636 ** (3.5299)
age	0.0132 (0.0877)	0.0168 (0.0877)	0.0196 (0.0876)
sex	−2.8672 * (1.5133)	−2.9132 * (1.5124)	−2.9235 * (1.5088)
highschool	−1.4392 (1.6922)	−1.4831 (1.6821)	−1.4935 (1.6781)
college	−0.8441 (2.0591)	−1.0708 (2.0417)	−0.9677 (2.0388)
duration	0.3282 ** (0.1580)	0.3205 ** (0.1581)	0.2940 * (0.1593)
dis−county	0.0259 (0.0336)		
dis−town		0.0781 (0.0676)	
dis−market			0.0268 (0.0170)
F (6,369)	1.65	1.78	1.97 *
R−squared	0.0261	0.0281	0.0311
Adj R−squared	0.0103	0.0123	0.0153

注：在教育程度中，初中及初中以下为参照系。地形分为平原、山地和丘陵三类，平原为参照系。括号内为标准误。** 表示在5%水平上显著；* 表示在10%水平上显著。

3. 创业环境的影响

使用线性回归模型分析创业环境对贷款比率的影响，结果如表3-15所示：①在创业环境的六个变量中，交通的便利性和当地创业朋友的个数对农民工创业资金中贷款的比率具有负向影响，而基础设施、创业的积极性、产业集群和政府支持力度对贷款比率具有正向影响。②创业环境中所有变量的影响系数在统计水平上都不显著。③假设3没有得到验证，其中可能的原因是：首先，由于"大众创业，万众创新"的实施，各个地方都出台了相似的对农民工返乡创业的扶持政策，并且每一个地区都在优化创业环境，使不同地区农民工创业环境的差距不大，从而不同区位创业环境对农民工创业资源的来源影响不大。其次，贷款资金的供给是金融机构的理性经济行为，是金融机构自身决策的问题，与创业环境的外部影响不大，同时也是金融机构根据申请贷款的企业的状况做的理性决策，不会因为外部环境原因而发生变化。最后，在创业环境较好的地区，创业活动也比较活跃，在大量的创业群体中，金融机构也得搜寻合适的贷款对象，返乡创业农民工对于当地正规金融机构来说是一个不确定性较大的群体，贷款给农民工创业具有一定的风险。

表 3-15 创业环境对贷款比率的影响

	模型 1	模型 2	模型 3	模型 4	模型 5	模型 6
常数项	12.6156*** (4.2919)	7.0711* (4.3064)	6.4432 (4.2963)	8.8995** (3.6487)	9.1203** (4.0519)	10.0298** (3.6518)
age	0.0100 (0.0874)	0.0099 (0.0875)	0.0121 (0.0874)	0.0106 (0.0876)	0.0087 (0.0876)	0.0029 (0.0880)
sex	−2.9715* (1.5144)	−2.8252* (1.5102)	−2.6719* (1.5122)	−2.8270* (1.5119)	−2.7791* (1.5157)	−2.7685* (1.5116)
highschool	−1.4376 (1.6828)	−1.6351 (1.6813)	−1.5933 (1.6793)	−1.5815 (1.6819)	−1.5965 (1.6837)	−1.6272 (1.6830)
college	−1.5180 (2.0737)	−0.8702 (2.0502)	−0.8094 (2.0497)	−1.1096 (2.0476)	−1.0628 (2.0503)	−1.0204 (2.0443)
duration	0.3060** (0.1589)	0.3417** (0.1583)	0.3174** (0.1582)	0.3328** (0.1581)	0.3299** (0.1582)	0.3510** (0.1613)
trans	−0.7136 (0.5504)					
infras		0.5162 (0.5372)				
initiative			0.7333 (0.5999)			

续表

	模型1	模型2	模型3	模型4	模型5	模型6
cluster				0.8566 (1.4443)		
support					0.0850 (0.5231)	
en-friends						−0.9211 (1.4576)
F (6,369)	1.84*	1.71	1.80*	1.61	1.55	1.62
R-squared	0.290	0.0270	0.0285	0.0255	0.0246	0.0256
Adj R-squared	0.132	0.0112	0.0127	0.0096	0.0088	0.0098

注：在教育程度中，初中及初中以下为参照系。地形分为平原、山地和丘陵三类，平原为参照系。括号内为标准误。＊＊＊表示在1%水平上显著；＊＊表示在5%水平上显著；＊表示在10%水平上显著。

（四）研究结论

首先，地理因素对农民工创业资金中贷款比率没有显著影响，这从侧面也反映了我国创业扶持政策和金融支持政策已经渗透到每一个地区，无论是偏远地区还是城郊，都能享受到优惠的信贷政策。其次，创业环境对农民工创业资金中贷款的比率没有显著影响，创业农民工贷款的可获得性主要与他们与金融机构的关系、自身可抵押的资产等自身条件和金融机构的信贷政策有关。最后，创业环境的优化关键在于形成有效的创业氛围，形成一个鼓励和支持农民工返乡创业的社会氛围，从而达到提高农民工创业绩效的目的。

四、政府扶持资金比率影响因素

政府扶持资金通常指的是我国政府使用财政手段通过政府与企事业单位、科研院所等的共同投资，促进特定领域研发投入，加速产业化成型，带动相关产业快速发展，进而实现国家层面上的宏观经济目标。

（一）理论假设

1. 地形的影响

在功能上，山地与丘陵地带是生态屏障，不需要更多的经济开发，而平原地带交通发达，基础设施较好，更容易促进产业的发展，依据政府扶持资金的目标，更倾向于对平原地带农民工创业的扶持。因此，提出假设1：

假设1：与山地和丘陵相比，平原创业农民工创业资金中政府扶持资金所占比率要更高。

2. 与城镇距离的影响

政府部门一般在城镇、县城和地级市等区位上，与城镇距离越近，意味着离政府部门越近，越容易获得政府扶持资金。因此，提出假设2：

假设2：与城镇距离越近，政府扶持资金所占比率就越高。

3. 创业环境的影响

（1）交通便利性的影响。一方面，交通便利性越好，越容易去往政府所在地，也越容易获得政府扶持项目资金的信息，也越容易与政府部门沟通；另一方面，交通越便利，政府主导产业定位越集中，政府扶持力度越大，越容易得到政府扶持资金。因此，提出假设3.1：

假设3.1：交通便利性越好，政府扶持资金所占的比例越高。

（2）基础设施的影响。基础设施越好，政府扶持发展的产业越集中，在该区位创业，也越容易获得政府扶持主导产业的发展资金。因此，提出假设3.2：

假设3.2：基础设施越好，政府扶持资金所占比率就越高。

（3）创业积极性的影响。创业积极性越强，创业者越多，对政府扶持资金的需求就越强烈，竞争就越激烈，农民工返乡创业获得扶持资金的机会就越小。因此，提出假设3.3：

假设3.3：当地创业积极性越强，政府扶持资金所占的比率就越低。

（4）产业集聚的影响。产业集聚导致企业的集聚，在有限的地理空间内，企业大量存在，企业经营需要大量的政府扶持资金，政府扶持资金的稀缺性增强，除了其获得成本上升外，分配给每一个企业的份额必将下降，贷款资金所占的比率下降。因此，提出假设3.4：

假设3.4：与其他地区相比，创业集聚的区位创业农民工贷款资金比率偏低。

（5）政府扶持的影响。政府对农民工创业的扶持政策是拉动农民工创业的主要动力之一，同时也是推动农民工创业成长的关键动力之一，扶持资金是扶持的一个重要方面，政府扶持力度越大，农民工创业获得扶持资金的机会就越大。因此，提出假设3.5：

假设3.5：政府支持程度越大，政府扶持资金比率越高。

（6）同行创业朋友个数的影响。同行创业朋友的个数越多，其在该行业创业的社会网络就越强，与政府部门人员接触的可能性就越大，越容易获得创业扶持资金相关的信息，也就越有机会获得政府的扶持资金。因此，提出假设3.6：

假设3.6：当地同行创业的朋友个数越多，政府扶持资金所占比率越高。

（二）实证结果

1. 地形对政府扶持资金的影响

使用线性回归模型分析地形对创业资金中政府扶持资金比率的影响，结果如表3-16所示：①与平原相比，山地和丘陵地区创业农民工政府扶持资金比率平均值要高于平原地区，山地和丘陵对农民工创业资金中政府扶持资金的比率具有正向影响（$\beta = 4.3463$，$p \leqslant 0.1$）。②山地的系数在10%统计水平上显著，丘陵的系数在统计上不显著。③本部分假设1得到部分验证。

表3-16　地形对创业中政府扶持资金比率的影响

	模型1	模型2
常数项	13.4595*** (3.0761)	14.2476*** (3.0441)
age	-0.2668*** (0.0758)	-0.2856*** (0.0755)
sex	1.0983 (1.3009)	1.2459 (1.3033)
highschool	-4.5496*** (1.4451)	-4.4676*** (1.4487)
college	-1.6737 (1.7677)	-2.1539 (1.7784)

续表

	模型 1	模型 2
duration	0. 5595*** (0. 1362)	0. 5526*** (0. 1365)
mountain	4. 3463* (2. 4836)	
hills		3. 0797 (2. 9006)
F (6,369)	6. 59***	6. 24***
R-squared	0. 0970	0. 0923
Adj R-squared	0. 0823	0. 0775

注：在教育程度中，初中及初中以下为参照系。地形分为平原、山地和丘陵三类，平原为参照系。括号内为标准误。***表示在1%水平上显著；*表示在10%水平上显著。

2. 距离对创业扶持资金的影响

使用线性回归模型分析与城镇距离对政府扶持资金比率的影响，结果如表3-17所示：①在距离变量中，与县城的距离、与城镇的距离和离集镇的距离都正向影响农民工创业资金中政府扶持资金的比率，即距离越远，政府扶持资金的比例越高。②距离的系数都在1%的统计水平上显著。③这与我们的假设3相悖，其中可能的原因是：首先，距离城镇较远的多在农业范围内创业，政府无疑会加大对农业创业的扶持力度，因此越偏远地区的农业创业，越容易获得政府扶持资金。其次，从需求角度来看，距离城镇较远的偏远地区农村，农民工通过民间借贷和金融机构借贷获得创业资金都比较困难，因此倾向于寻求政府部门的支持，为获得政府部门的支持，一般会按照政府部门设计的产业和行业、按照政府的规定进行创业，从而倾向于获得政府资金扶持。最后，从供给角度来看，政府部门也是理性主体，为了达到自己效用最大化的政策目标，尤其是偏远农村，一般会保护环境和农业等弱势产业的发展，从而提供资金支持，这在一定程度上提高了偏远地区农民工创业的政府扶持资金的比率。

表 3-17　与城镇距离对政府扶持资金比率的影响

	模型 1	模型 2	模型 3
常数项	11. 0265 ***	10. 3061 ***	13. 3187 ***
	（3. 0514）	（2. 9335）	（2. 9520）
age	−0. 2594 ***	−0. 2435 ***	−0. 2532 ***
	（0. 0737）	（0. 0715）	（0. 0733）
sex	0. 8447	0. 6482	0. 8698
	（1. 2717）	（1. 2328）	（1. 2627）
highschool	−3. 7556 ***	−3. 9963 ***	−4. 2411 ***
	（1. 4203）	（1. 3695）	（1. 4029）
college	−0. 9857	−2. 0877	−1. 7287
	（1. 7330）	（1. 6676）	（1. 7099）
duration	0. 5295 ***	0. 4926 ***	0. 4421 ***
	（0. 1326）	（0. 1287）	（0. 1332）
dis−county	0. 1294 ***		
	（0. 0282）		
dis−town		0. 3743 ***	
		（0. 0551）	
dis−market			0. 0725 ***
			（0. 0142）
F （6,368）	9. 86 ***	14. 47 ***	10. 079 ***
R−squared	0. 1386	0. 1909	0. 1496
Adj R−squared	0. 1245	0. 1777	0. 1385

注：在教育程度中，初中及初中以下为参照系。地形分为平原、山地和丘陵三类，平原为参照系。括号内为标准误。 *** 表示在 1%水平上显著。

3. 创业环境对政府扶持资金的影响

使用线性回归模型分析创业环境对政府扶持资金比率的影响，结果如表 3-18 所示：①在创业环境的变量中，交通便利性和基础设施对政府扶持资金所占的比率具有负向影响，即交通越便利、基础设施条件越好，则政府扶持资金所占的比率越低；创业积极性、产业集聚、政府扶持力度和创业朋友个数均正向影响农民工创业资金中政府扶持资金所占的比率。②创业环境各个变量中，创业积极性、政府扶持力度和创业朋友个数的影响系数在统计水平上显著。③假设 3 得到部分验证，可能的原因是：首先，政府扶持农民工创业的一个最主要的手段是通过扶持资金的供给，保障农民工创业资金的充足，但是政府扶持资金的获得需要按照政府的要求，即在一定的产业内部，符合政府的既定目标，满足政府资金申请的要求才能获得，因此创业扶持资金所占的比率与政府的扶持力度、创业者申报政府扶持资金的积极性有关。其次，同行创业朋友的个数是影响创业信息获得的重要方面，也是创业模仿的重要方面，只要一人获得政府扶持资金，农民工创业企业就会模仿，争取扶持资金，因此影响政府扶持资金的获得。最后，产业集聚是政府发展地方经济的一个重要措施，因此针对产业集群的发展，政府往往会注入大量的资金和政策，对产业集群内部的创业企业进行扶持，尤其在资金方面，向产业集聚区内的创业企业进行倾斜，因此与其他地区相比，产业集聚区内部的创业农民工得到政府扶持资金的比率更高。

表 3-18 创业环境对政府扶持资金比率的影响

	模型 1	模型 2	模型 3	模型 4	模型 5	模型 6
常数项	16.5144*** (3.7157)	14.3939*** (3.7221)	9.6486*** (3.6898)	14.2261*** (3.1504)	9.0135*** (3.4479)	12.6786*** (3.1349)
age	-0.2820*** (0.0755)	-0.2827*** (0.0756)	-0.2780*** (0.0751)	-0.2822*** (0.0756)	-0.2808*** (0.0746)	-0.2663*** (0.0755)
sex	1.0943 (1.3077)	1.2080 (1.3051)	1.4182 (1.2996)	1.2005 (1.3057)	1.5015 (1.2909)	1.1198 (1.2980)
highschool	-4.3916*** (1.4521)	-4.4922*** (1.4514)	-4.5040*** (1.4411)	-4.4922*** (1.4507)	-4.6533*** (1.4324)	-4.3797*** (1.4435)
college	-2.2453 (1.7926)	-1.9367 (1.7748)	-1.5381 (1.7661)	-1.9485 (1.7724)	-2.3214 (1.7497)	-2.0036 (1.7590)
duration	0.5244*** (0.1372)	0.5413*** (0.1367)	0.5202*** (0.1358)	0.5420*** (0.1364)	0.5282*** (0.1346)	0.4849*** (0.1383)
trans	-0.4878 (0.4775)					
infras		-0.0124 (0.4643)				
initiative			1.1510** (0.5179)			

续表

	模型1	模型2	模型3	模型4	模型5	模型6
cluster				0.1730 (1.2492)		
support					1.4046*** (0.4450)	
en-friends						2.5844** (1.2526)
F (6,368)	6.22***	6.03***	6.93***	6.03***	7.85***	6.81***
R-squared	0.0921	0.0895	0.1016	0.0896	0.1135	0.0999
Adj R-squared	0.0773	0.0747	0.0869	0.0747	0.0991	0.0852

注：在教育程度中，初中及初中以下为参照系。地形分为平原、山地和丘陵三类，平原为参照系。括号内为标准误。***表示在1%水平上显著；**表示在5%水平上显著。

（三）研究结论

首先，对于政府扶持资金的获得，地理因素中的地形因素的影响不是十分明显，而空间距离因素具有较显著的影响，这也与政府政策的倾向有关。为了解决区域发展不平衡的问题和振兴乡村经济，城郊随着城市化的发展已经得到了充分的发展，相比较而言，偏远的农村发展相对落后，是乡村振兴的重点，也是政府扶持的重点，因此政府倾向于扶持偏远地区农民工返乡创业，从而推动乡村振兴。其次，创业环境对政府扶持资金的比率具有显著的影响，主要表现在对创业积极性的鼓励、对产业集聚区的发展和创业网络的支持方面。为了推动乡村产业的发展，必须有一批具有创业精神的企业家，并形成网络和产业集聚区，从而推动乡村振兴，因此政府在扶持资金的倾斜方面，倾向于具有创业精神和产业聚集的地区，并支持具有一定创业网络的农民工进行产业发展，从而提高乡村的产业发展水平。

第五节　创业区位对创业技术获得的影响

创业技术的获得是否受到创业区位特征的影响是本节研究的主要实证目标，以下通过计量经济模型，利用实地调研数据，验证本节的理论假设。

一、理论分析与实证假设

社会网络是农民工返乡创业技术获得的主要途径，通过创业学习获得技术资源（芮正云和史清华，2018），通过社会网络的学习效应，农民工能够积累创业知识与创业能力（胡俊波，2015），尤其是创业学习能力，对农民工创业技术的获得具有重要的影响。农民工通过观察学习和时间学习，获取技术知识（单标等，2018）。同理，社会关系嵌入地理区位中，因此地理区位对农民工创业技术的获得具有十分重要的影响。

（一）地形的影响

一方面，与平原相比，山地和丘陵相对偏远，技术产出的可能性和研发的可能性较小，返乡创业农民工从家乡或者父辈获得创业技术的概率较小；另一方面，山地和丘陵地带返乡农民工创业的行为和同行相对于平原较少，因此向同行学习的概率较小。因此，提出假设1：

假设1：与平原相比，山地和丘陵地带更倾向于从打工地获得创业技术。

（二）与城镇距离的影响

与城镇的距离代表与市场的距离，与城镇距离越近，越容易进行市场经营，小规模创业的行为越容易发生，因此创业行为的密度就越大，也就越容易接触到创业行为，越容易学习当地创业发生的过程，从而获得创业技术。因此，提出假设2：

假设2：与城镇距离越近，创业农民工通过家乡地父辈积累和自我学习获得创业技术相对于打工地获得创业技术的概率就越大。

（三）创业环境的影响

创业环境影响返乡创业农民工技术选择行为。首先，返乡农民工创业受到学习环境的影响，富有创业氛围和创新氛围的环境能够正向激励返乡创业农民工接受更为先进的技术，并且返乡创业农民工也容易通过各种渠道学习到新的技术。其次，创业和创新氛围较为浓厚的环境也激励返乡创业农民工进行技术创新，提高其技术水平。最后，创业和创新氛围较为浓厚的地区，政府部门、科研院所和高校针对本地优势产业的技术研发投入较高，从而推动技术进步，使返乡创业农民工更容易接触到新的技术。因此，提出假设3：

假设3：创业环境越好的地区，农民工越能从本地获得创业技术进行创业。

1. 交通便利性的影响

交通便利性越强，越容易接近市场，越容易发生市场交易行为进行创业，返乡农民工越容易通过自我学习和父辈积累获得创业技术，也就提高了其本地积累和学习与打工地学习的比率。因此，提出假设3.1：

假设3.1：交通便利性越强，返乡创业农民工通过自我学习和父辈积累获得创业技术的比率相对于打工地就越高。

2. 基础设施的影响

良好的基础设施能够提高当地创业发生的概率，同样也提升了农民工返乡后通过父辈学习创业技术和通过自我学习积累创业技术的概率。因此，提出假设3.2：

假设3.2：基础设施越好，农民工通过父辈积累和自我学习获得创业技术的概率就越大。

3. 当地创业的积极性

创业积极性反映了一个地区的创业氛围，同时也反映了一个地区创业技术积累和研发的积极性。在一个积极创业的地区，创业技术学习成为一种惯例，因此农民工越倾向于在当地通过父辈学习和自我学习获得创业技术。因此，提出假设3.3：

假设3.3：当地创业积极性越强，农民工越倾向于通过父辈学习或者自我学习来获得创业技术。

4. 产业集聚的影响

大量的创业企业在一定的区域集聚，形成产业集聚区，在产业集聚区内，同一或者相近行业内大量的创业者集聚，形成一定的学习氛围，因此在创业集聚区内，返乡创业农民工更倾向于通过父辈学习或者自我学习获得创业技术。因此，提出假设3.4：

假设3.4：产业集聚区内的农民工更倾向于通过父辈学习和自我学习获得创业技术。

5. 政府扶持的影响

政府扶持创业是全面的，其中包括信贷支持，同时也包括创业培训。政府对创业的扶持强度越大，农民工返乡通过父辈学习或者自我学习获得创业技术的概率就越大。因此，提出假设3.5：

假设3.5：政府扶持强度越大，返乡农民工通过父辈学习或者自我学习获得创业技术的概率就越大。

6. 同行创业朋友的个数

同行创业朋友的个数越多，其在该行业创业的社会网络就越强，通过本地朋友网络学习创业技术的概率就越大。因此，提出假设3.6：

假设3.6：同行创业朋友个数越多，通过本地朋友自我学习获得创业技术的概率就越大。

二、变量与模型选择

被解释变量是创业技术的来源：我们分别问及创业之初技术和创业经验的来源，提供三个选项：打工地朋友圈的学习积累、家乡地父辈或朋友传授、纯粹的自我学习积累。分别使用类别变量，赋值为："打工地朋友圈的学习积累=1""家乡地父辈或朋友传授=2""纯粹的自我学习积累=3"。我们使用多项Logit模型来分析：

$$Pr(y_i = j \, or \, 1) = \frac{Pr(y_i = j)}{Pr(y_i = j) + Pr(y_i = 1)} = \frac{exp(x'_i \, \beta_j)}{1 + exp(x'_i \, \beta_j)}$$

三、实证结果

本节探讨了创业区位对农民工返乡创业劳动力、原材料、金融资本、技术和创业经验获得的影响，构建农民工创业资源获取的地理圈层及其与创业区位之间的数量特征模型，探讨地理区位对农民工创业成长影响的空间机制。

1. 地形对创业技术来源的影响

我们使用多项 Logit 模型分析地形对技术来源的影响，如表3-19所示：①山地地形负向影响父辈学习与打工学习积累的风险比，山地地形负向影响自我探索与打工积累的风险比，即与平原相比，山地创业农民工更倾向于打工积累学习，而不倾向于通过父辈学习和自我探索获得创业技术。②山地的影响系数在统计水平上不显著。③假设1没有得到验证，但是山地的影响在方向上与假设一致，其中可能的原因是：首先，山地样本太少，不能够支持显著性。其次，与平原相比，山地创业的农民工在技术上的感知并不十分明确，传统的技术在山地并不能带来十分显著的经济绩效，因此在山地创业的农民工倾向于获得外界（包括打工地）的技术来进行创新，获得收益。

表3-19　山地地形对创业技术来源的影响

变量	父辈学习 vs. 打工学习积累				自己摸索 vs. 打工学习积累			
	RRR	Std. Err	z	P>|z|	RRR	Std. Err	z	P>|z|
age	0.9998	0.0175	−0.01	0.994	1.0248	0.0164	1.53	0.127
sex	0.4264	0.1198	−3.03	0.002	0.7615	0.2159	−0.96	0.337
highschool	0.8153	0.2597	−0.64	0.522	1.0065	0.3082	0.02	0.983
college	0.4585	0.1930	−1.85	0.064	0.6259	0.2490	−1.18	0.239
duration	1.0397	0.0285	1.42	0.155	0.9687	0.0314	−0.98	0.328
mountain	0.5250	0.3446	−0.98	0.326	0.8203	0.4405	−0.37	0.712
LR chi2(18)	22.12							

续表

变量	父辈学习 vs. 打工学习积累				自己摸索 vs. 打工学习积累			
	RRR	Std. Err	z	P>│z│	RRR	Std. Err	z	P>│z│
Prob>chi2	0.0362							
Pseudo R²	0.0303							

注：在教育程度中，初中及初中以下为参照系。地形分为平原、山地和丘陵三类，平原为参照系。

　　如表 3-20 所示：①丘陵地形正向影响父辈学习与打工学习积累的风险比，即与平原相比，丘陵地带的农民工更倾向于通过父辈学习获得创业技术。②丘陵地形负向影响自我探索与打工学习积累的风险比，即与平原相比，丘陵地带的农民工更倾向于打工学习积累创业技术。③丘陵地带对创业技术的影响系数并不显著，假设 1 没有得到验证。丘陵地带对创新技术来源的影响中，农民工父辈学习>打工学习积累>自我摸索。丘陵地带的创业大多为带有政策性和环保性的绿色创业，这种创业一般是传统农业行业创业，一般倾向于父辈相传的经验，并且在代际传递的过程中，加入了创业农民工的自我探索和创新，而不倾向于从发达地区引进技术进行创业。

表 3-20　丘陵地形对创业技术来源的影响

变量	父辈学习 vs. 打工学习积累				自己摸索 vs. 打工学习积累			
	RRR	Std. Err	z	P>│z│	RRR	Std. Err	z	P>│z│
age	1.0012	0.0174	0.07	0.945	1.0255	0.0163	1.59	0.113
sex	0.4269	0.1199	−3.03	0.002	0.7558	0.2143	−0.99	0.324
highschool	0.8054	0.2563	−0.68	0.497	1.0033	0.3073	0.01	0.991
college	0.4595	0.1931	−1.85	0.064	0.6383	0.2547	−1.12	0.261
duration	1.0444	0.0288	1.58	0.115	0.9692	0.0314	−0.96	0.336
hills	**1.7108**	**1.0177**	**0.90**	**0.367**	**0.8746**	**0.5996**	**−0.20**	**0.845**
LR chi2(18)	22.01							
Prob>chi2	0.0374							
Pseudo R²	0.0301							

注：在教育程度中，初中及初中以下为参照系。地形分为平原、山地和丘陵三类，平原为参照系。

2. 与县城、城镇、集镇距离对创业技术来源的影响

使用多项 Logit 模型分析与城镇距离对创业技术来源的影响，结果如表 3-21 所示：①与县城的距离负向影响父辈学习与打工学习积累的风险比，并且系数在 5% 统计水平上显著，即与县城的距离越远，农民工越倾向于打工学习积累获得创业技术。这与本部分的假设 2 一致。②与县城的距离负向影响自己探索与打工学习积累的风险比，但是影响系数在统计水平上不显著。其含义在于与县城的距离越远，农民工越倾向于打工学习积累获得创业技术，其系数不显著。假设 2 没有得到验证。③与城镇的距离负向影响父辈学习与打工学习积累的风险比，也负向影响自我探索与打工学习积累的风险比，即与城镇距离越远，农民工越不倾向于打工学习积累获得创业技术，这与本部分的假设在方向上是一致的，但是系数在统计水平上并不显著。假设 2 没有得到验证。④与集镇的距离负向影响父辈学习与打工学习积累的风险比和自我探索与打工学习积累的风险比，即距离集镇越远，农民工越倾向于打工学习积累获得创业技术，并且系数在 10% 统计水平上显著。假设 2 得到验证。

表 3-21 与县城、城镇、集镇距离对创业技术来源的影响

变量	家乡地父辈学习 vs. 打工学习积累				纯粹的自我摸索 vs. 打工学习积累			
	RRR	Std. Err.	z	P>│z│	RRR	Std. Err.	z	P>│z│
age	0.9994	0.0173	−0.03	0.977	1.0238	0.0163	1.48	0.140
sex	0.4379	0.1235	−2.93	0.003	0.7739	0.2199	−0.90	0.367
highschool	0.7440	0.2387	−0.92	0.357	0.9509	0.2930	−0.16	0.870
college	0.4393	0.1836	−1.97	0.049	0.5854	0.2337	−1.34	0.180
duration	1.0439	0.0289	1.55	0.120	0.9710	0.0315	−0.91	0.365
dis-county	**0.9852 ****	**0.0072**	**−2.02**	**0.043**	**0.9900**	**0.0066**	**−1.50**	**0.133**
LR chi2（12）	26.67							
Prob>chi2	0.0083							
Pseudo R²	0.366							
age	0.9995	0.0173	−0.03	0.979	1.0240	0.0163	1.49	0.137
sex	0.4375	0.1233	−2.93	0.003	0.7736	0.2197	−0.90	0.366

续表

变量	家乡地父辈学习 vs. 打工学习积累				纯粹的自我摸索 vs. 打工学习积累			
	RRR	Std. Err.	z	P>|z|	RRR	Std. Err.	z	P>|z|
highschool	0.7779	0.2483	−0.79	0.432	0.9857	0.3023	−0.05	0.963
college	0.4845	0.2019	−1.74	0.082	0.6359	0.2517	−1.14	0.253
duration	1.0451	0.0290	1.59	0.111	0.9716	0.0316	−0.88	0.377
dis-town	0.9776	0.0145	−1.51	0.130	0.9845	0.0135	−1.13	0.257
LR chi2（12）	24.28							
Prob>chi2	0.0186							
Pseudo R^2	0.0332							
age	0.9979	0.0174	−0.12	0.907	1.0220	0.0163	1.36	0.173
sex	0.4540	0.1285	−2.79	0.005	0.8122	0.2318	−0.73	0.466
highschool	0.8030	0.2570	−0.69	0.493	1.021	0.3147	0.07	0.946
college	0.4914	0.2056	−1.70	0.090	0.6562	0.2604	−1.06	0.288
duration	1.0509	0.0295	1.77	0.077	0.9776	0.0321	−0.69	0.493
dis-market	**0.9647***	**0.0187**	**−1.85**	**0.064**	**0.9623***	**0.0188**	**−1.96**	**0.050**
LR chi2（12）	30.55							
Prob>chi2	0.0023							
Pseudo R^2	0.0418							

注：在教育程度中，初中及初中以下为参照系。地形分为平原、山地和丘陵三类，平原为参照系。**表示在5%水平上显著；*表示在10%水平上显著。

综上所述，假设2部分得到验证，即与县城、城镇、集镇的距离越远，越倾向于通过打工积累获得创业技术，其可能的原因除本部分假设中提到的创业行为的密度，还有一个重要的原因就是政府部门对农民工创业的培训，越偏远的地区，政府越倾向于培训农民工创业技术，从而推动偏远地区逐步模仿城市或者郊区，通过打工地打工经验的积累进行创业。

3. 创业环境对创业技术来源的影响

使用多项Logit模型分析创业环境对创业技术来源的影响，结果如表3-22所示：①创业环境变量中，交通便利性和政府支持力度两个变量正向影响父辈学习与打工学习积累的发生比，即交通越便利、政府支持力度越大，农民工越倾向于通过家乡父辈学习或者当地社会网络积累获得创业技术，这与本节的假设3.1与假设3.5一致，但是系数在统计水平上并不显著。假设3.1与假设3.5没有得到验证。②基础设施、创业积极性、产业集聚和创业朋友的个数负向影响父辈学习与打工地学习积累的发生比，即基础设施条件越好、创业积极性越高、形成产业集聚和本地创业朋友个数越多，农民工越倾向于打工地学习积累获得创业技术。③系数在统计水平上并不显著，这与本部分假设3.2、假设3.3、假设3.4、假设3.6相悖，其中可能的原因是：首先，创业技术的来源与打工经验密切相关，家乡地创业环境虽然影响农民工创业技术的获得，但是技术学习和积累是一个长期的过程，农民工长期离开家乡打工，其学习时间有限，创业时学习时间也比较有限，因此倾向于打工学习积累。其次，外来的技术对本地学习和产业发展是一个有益的互补，对本地产业和经济发展是十分有益的补充，相对容易得到政府的支持。最后，随着产业转移和产业结构的优化升级，本地传统及落后的技术需要更新和创新，因此在技术变革和互联网的冲击下，农民工倾向于从外部学习获得创业技术。

表3-22　创业环境对创业技术来源影响的多项 Logit 模型分析

变量	模型1	模型2	模型3	模型4	模型5	模型6
家乡父辈学习 vs. 打工积累						
age	1.0008 (0.0177)	1.0013 (0.0173)	1.0013 (0.0173)	1.0021 (0.0174)	1.0016 (0.0174)	1.0012 (0.0174)
sex	0.4358*** (0.1228)	0.4234*** (0.1191)	0.4127*** (0.1165)	0.4240*** (0.1189)	0.4240*** (0.1192)	0.4231*** (0.1188)
highschool	0.7808 (0.2493)	0.8049 (0.2562)	0.7971 (0.2538)	0.8002 (0.2547)	0.7963 (0.2537)	0.7954 (0.2533)
college	0.5272 (0.2254)	0.4567* (0.1927)	0.4538* (0.1912)	0.4798* (0.2003)	0.4707* (0.1979)	0.4746* (0.1987)
duration	1.0489* (0.0293)	1.0398 (0.0286)	1.0439 (0.0287)	1.0414 (0.0285)	1.0415 (0.0285)	1.0433 (0.0292)
trans	1.1950 (0.1333)					
infras		0.9079 (0.0958)				

续表

变量	模型1	模型2	模型3	模型4	模型5	模型6
家乡父辈学习 vs. 打工积累						
initiative			0.8831 (0.1015)			
cluster				0.9497 (0.2623)		
support					1.0235 (0.1033)	
en-friends						0.9276 (0.2577)
自我学习 vs. 打工积累						
age	1.0255 (0.0161)	1.0252 (0.0163)	1.0247 (0.0162)	1.0246 (0.0165)	1.0257 (0.0164)	1.0256 (0.0164)
sex	0.7373 (0.2103)	0.7575 (0.2151)	0.7252 (0.2073)	0.7743 (0.2213)	0.7631 (0.2169)	0.7583 (0.2148)
highschool	1.0370 (0.3188)	1.0248 (0.3144)	1.0154 (0.3115)	1.0040 (0.3089)	1.0036 (0.3073)	1.0056 (0.3078)
college	0.5763 (0.2332)	0.5967 (0.2397)	0.5895 (0.2360)	0.6715 (0.2696)	0.6309 (0.2504)	0.6339 (0.2512)
duration	0.9646 (0.0315)	0.9664 (0.0314)	0.9730 (0.0316)	0.9671 (0.0315)	0.9692 (0.0314)	0.9693 (0.0319)
trans	0.8891 (0.0916)					
infras		0.8634 (0.0891)				
initiative			**0.8250* (0.0929)**			
cluster				**0.5511* (0.1473)**		
support					1.0263 (0.0990)	
en-friends						1.0133 (0.2734)
LR chi2 (12)	26.24	23.39	24.35	26.20	21.12	21.11
Prob>chi2	0.0099	0.0246	0.0182	0.0101	0.0487	0.0488
Pseudo R^2	0.0339	0.0320	0.0333	0.0359	0.0289	0.0289

注：括号内为系数标准误。只报告 RRR 和显著性。＊＊＊表示在1%水平上显著；＊＊表示在5%水平上显著；＊表示在10%水平上显著。

在创业环境变量中，政府支持的力度和本地创业朋友的个数两个变量正向影响农民工自我探索与打工学习积累的发生比，即政府支持的力度越大、本地创业朋友的个数越多，农民工越倾向于自我探索获得创业技术，但是系数在统计水平上并不显著，这两个变量在方向上与本节的假设3.4和假设3.5一致。交通便利性、基础设施、创业积极性、产业集聚四个变量负向影响农民工自我学习与打工学习积累的发生比，创业积极性和产业集聚系数在10%统计水平上显著，其他变量影响系数在统计水平上都不显著，假设3.3和假设3.4得到部分验证。假设3.1、假设3.2、假设3.5和假设3.6没有得到验证。

四、研究结论

本节研究结论表明：①地形因素对农民工创业技术的获得没有显著影响，山地和丘陵地带与平原相比，对创业技术来源没有显著影响。山地和丘陵地带拥有丰富的自然资源，随着经济的发展，其在旅游休闲产业，比如农家乐、天然特色农产品种植和养殖方面发展潜力很大，这些技术都是从外部流入的技术，随着基础设施和交通条件的进一步发展，创业农民工逐步加强了对外交流和学习，从而带动自身的创业技术的创新。②创业环境在一定程度上影响农民工创业的技术来源。其中，创业积极性和产业集聚显著正向影响农民工自我学习创业技术，创业积极性越高，农民工创业学习的积极性就越高，就越不满足于打工学习和父辈学习获得的创业技术，就越容易通过自我学习获得技术创新。产业集聚同样能形成一个积极的创业氛围，从而提高自我学习的积极性。因此，政府在设计激励创业的政策体系时，要加强软环境即创业氛围的营造，营造积极、正确的创业氛围和创业观，还要加强产业集聚区的建设，通过集聚区内创业氛围的营造，推动当地创业技术的创新。

第六节　创业区位对创业团队建设的影响

一、理论分析与研究假设

区位和团队之间的关系关键在于人力资源的密度，在我们的研究中，农民工返乡创业，大多是独立或者家族式，很少建立创业团队，其中也有合伙创业，这种创业类型就需要团队，针对这种类型创业的农民工，我们进一步分析其团队成员的来源，我们设定两种来源：一是来源于家乡，二是来源于除家乡的其他地方。农民工机会型创业过程中，需要通过增加社会网络的人力资源、利用信息技术获取有效人力资源等路径来获取具有异质性特征的创业团队成员，打造具有异质性的创业团队（庄晋财和刘佳毅，2018）。创业团队能够根据环境动态性，激励创业团队成员之间进行观点分享和沟通，从而促进创新的发生（邓晓和王颖，2019）。团队创业比个人创业更具备优势，能够在团队内部形成技能、经验和知识方面的优势互补，从而提升创业成功的概率（曹祎遐，2014）。农民工创业团队的构建主要依靠血缘关系和相邻关系（张一力和王芳芳，2011）。

（一）地形的影响

一方面，与平原相比，山地和丘陵地带一般比较封闭，创业的积极性和风险承担能力都较弱，因此形成创业团队的概率较平原就小；另一方面，山地和丘陵地带创业风险也较大，需要建立团队来满足风险分担的需要，而相对信任的人员就是家乡地的朋友。因此，提出假设1：

假设1：与平原相比，山地和丘陵对创业团队中来源于家乡的人数具有正向影响。

（二）与城镇距离的影响

与城镇距离越近，市场活动和交易就越频繁，社会中经济活动的密度就越大，越容易形成和激发创业行为，并且对居民的影响是整体性和系统性的，与城镇距离越近，对创业机会的识别也越具有趋同性，基于本地居民的创业团队也就越容易形成。因此，提出假设2：

假设2：与城镇的距离越近，来源于家乡地的团队成员就越多。

（三）创业环境的影响

1. 交通便利性的影响

交通越便利，越容易使产业集聚和创业集聚，从而形成一定的创业氛围，在区位内就越容易形成基于当地社会关系网络的创业团队。因此，提出假设3.1：

假设3.1：交通便利性越好，创业团队中来自家乡的人数就越多。

2. 基础设施的影响

基础设施条件是吸引创业的一个重要因素，基础设施条件越好，产业集聚和创业集聚就越强，创业氛围就越强，在该区位内就越容易形成基于当地的创业团队。因此，提出假设3.2：

假设3.2：基础设施条件越好，创业团队中来源于家乡区位的成员个数就越多。

3. 创业积极性的影响

创业积极性越强，创业行为发生越频繁，也就越容易形成创业团队，基于社会关系网络的积累在团队建构中发挥的作用就越大，创业农民工返乡创业团队中本地成员的个数就越多。因此，提出假设3.3：

假设3.3：当地居民创业积极性越强，创业团队中本地成员个数就越多。

4. 产业集聚的影响

产业集聚能够提升一定区域内的创业氛围，从而激励创业积极性，并在集群内形成基于本地创业者的团队。因此，提出假设3.4：

假设3.4：与非产业集聚地区相比，产业集聚内创业团队中本地人数增加。

5. 政府扶持的影响

政府扶持力度越大，创业的积极性就越强，愿意创业的人就越多。因此，提出假设3.5：

假设 3.5：政府扶持力度越大，创业团队中来源于本地的人数就越多。

6. 创业朋友个数的影响

当地创业朋友的个数较多，说明当地具有较强的社会网络和创业网络，返乡农民工在创业团队建构过程中就有更多的朋友帮助介绍合伙人，从而增加创业团队中当地人的个数。因此，提出假设 3.6：

假设 3.6：当地创业朋友个数越多，创业团队中当地人数就越多。

二、变量与模型选择

1. 变量

被解释变量为创业团队，即我们问及创业农民工创业团队中来源于创业区位的个数。自变量如上一章所述。

2. 模型选择

我们使用线性回归模型分析创业团队中来源于家乡个数的显著影响因素：

$$y_i = \alpha + \beta_1 age_i + \beta_2 sex + \beta_3 highschool_i + \beta_4 college_i + \beta_5 duration_i + \beta_6 mountain + \beta_7 hills +$$
$$\beta_8 dis-county + \beta_9 dis-town + \beta_{10} dis-market + \beta_{11} trans + \beta_{12} infras + \beta_{13} initiative +$$
$$\beta_{14} cluster + \beta_{15} support + \beta_{16} en-friends$$

三、实证结果

1. 地形对创业合伙人来源的影响

我们使用线性回归模型分析创业合伙人来源于家乡人数的影响因素，如表3-23 所示：①与平原相比，山地和丘陵变量显著正向影响农民工创业合伙人（创业团队）中来源于家乡的人数，即更倾向于与本地人合伙创业。②山地和丘陵变量的系数均在1%的统计水平上显著。③假设1得到验证，即地形变量正向影响创业合伙人中当地人的数量。

2. 与城镇距离对家乡合伙人数量的影响

使用线性回归模型分析与城镇距离对家乡合伙人数量的影响，结果如表3-24所示：①距离变量中，与县城、城镇和集镇的距离均正向影响农民工创业合伙人中来源于家乡的人数，即距离县城、城镇和集镇越远，返乡创业农民工越倾向于选择家乡合伙人。②与县城的距离和与集镇的距离系数在5%的统计水平上显著，与城镇的距离在1%统计水平上显著。③假设2得到验证，即距离县城、城镇和集镇的距离越远，合伙人团队中来源于本地的数量就越多。这说明合作创业能够缓解偏远地区在资本方面的约束。

表3-23　地形对创业合伙人来源影响分析

	模型1	模型2
常数项	1.2341* (0.7185)	1.5219** (0.7106)
age	-0.0154 (0.0177)	-0.0231 (0.0176)
sex	0.8703*** (0.3036)	0.9348*** (0.3040)
highschool	-0.8007** (0.3376)	-0.7642** (0.3383)
college	1.0444** (0.4118)	0.8177** (0.4139)
duration	0.1239*** (0.0318)	0.1232*** (0.0318)
mountain	1.6784*** (0.5802)	
hills		1.7684*** (0.6772)
F (6,369)	7.84***	7.56***
R-squared	0.1131	0.1095
Adj R-squared	0.0987	0.0950

注：在教育程度中，初中及初中以下为参照系。地形分为平原、山地和丘陵三类，平原为参照系。括号内为标准误。***表示在1%水平上显著；**表示在5%水平上显著；*表示在10%水平上显著。

表3-24　与城镇距离对家乡合伙人数量的影响

	模型1	模型2	模型3
常数项	1.1579 (0.7320)	1.0458 (0.7194)	1.4764** (0.7149)

续表

	模型 1	模型 2	模型 3
age	−0.0186 （0.0176）	−0.0163 （0.0175）	−0.0187 （0.0177）
sex	0.8676** （0.3049）	0.8388** （0.3021）	0.8798** （0.3055）
highschool	−0.6863** （0.3409）	−0.7140** （0.3360）	−0.7554** （0.3398）
college	1.0649** （0.4149）	0.9227** （0.4078）	0.9605** （0.4129）
duration	0.1154*** （0.0318）	0.1106*** （0.0315）	0.1077*** （0.0322）
dis−county	0.0162** （0.0067）		
dis−town		0.0488*** （0.0135）	
dis−market			0.0067** （0.0034）
F（6,369）	7.36***	8.71***	7.01***
R−squared	0.1069	0.1240	0.1024
Adj R−squared	0.0924	0.1098	0.0878

注：在教育程度中，初中及初中以下为参照系。地形分为平原、山地和丘陵三类，平原为参照系。括号内为标准误。***表示在1%水平上显著；**表示在5%水平上显著。

3. 创业环境对家乡合伙人数量的影响

我们使用线性回归模型分析创业环境对合伙人来源的影响，结果如表3-25所示：①在创业环境变量中，交通便利性和创业积极性对创业合伙人来源于本地的数量具有负向影响，其他变量均正向影响来源于本地的合伙人数量。②产业聚集、政府支持的力度和本地创业朋友的个数三个变量在统计水平上显著。③假设3得到部分验证，其中假设3.4、假设3.5和假设3.6得到验证，其中可能的原因是：首先，交通便利性水平提高，能够使创业区位以外的人士很方便地到达创业区位，能够以较低的交通成本进入创业团队，所以交通越便利，农民工创业团队中来源于本地的人就越少。其次，本地创业积极性越高，创业者就越多，返乡农民工作为从外部返回家乡进行创业的人，与当地已经创业的创业者相比，当地创业者更具有竞争力，更能找到合伙人，相比而言，农民工创业团队中本地合伙人就越少。最后，基础设施对创业团队中来源于本地合伙人的数量影响不显著，其中可能的原因是随着基础设施的建设，农村基础设施的差异不明显，其对创业团队中合伙人来源的影响也不显著。

表3-25　创业环境对家乡合伙人数量的影响

	模型1	模型2	模型3	模型4	模型5	模型6
常数项	2.31045 *** (0.8701)	0.7804 (0.8718)	1.6217 * (0.8734)	1.0166 (0.7316)	0.8849 (0.8189)	0.7567 (0.7223)
age	−0.0211 (0.0177)	−0.0210 (0.0177)	−0.0215 (0.0177)	−0.0194 (0.0175)	−0.0212 (0.0177)	−0.0135 (0.0174)
sex	0.8710 *** (0.3070)	0.9022 *** (0.3057)	0.9096 *** (0.3074)	0.8809 *** (0.3031)	0.9495 *** (0.3063)	0.8723 *** (0.2990)
highschool	−0.7442 ** (0.3411)	−0.7951 ** (0.3404)	−0.7788 ** (0.3414)	−0.7735 ** (0.3372)	−0.7996 ** (0.3402)	−0.7229 ** (0.3329)
college	0.8311 ** (0.4204)	0.9989 ** (0.4150)	0.9387 ** (0.4167)	0.8706 ** (0.4106)	0.8921 ** (0.4143)	0.9165 ** (0.4043)
duration	0.1112 *** (0.0322)	0.1206 *** (0.0320)	0.1172 *** (0.0321)	0.1191 *** (0.0317)	0.1152 *** (0.0319)	0.0888 *** (0.0319)
trans	−0.1661 (0.1116)					
infras		0.1722 (0.1087)				
initiative			−0.0122 (0.1219)			
cluster				0.8755 *** (0.2896)		
support					0.1811 * (0.1057)	
en-friends						1.2787 *** (0.2883)
F (6,369)	6.71 ***	6.77 ***	6.31 ***	7.99 ***	6.85 ***	9.92 ***
R-squared	0.0984	0.0991	0.0930	0.1149	0.1002	0.1389

续表

	模型 1	模型 2	模型 3	模型 4	模型 5	模型 6
Adj R-squared	0.0838	0.0845	0.0783	0.1005	0.0855	0.1249

注：在教育程度中，初中及初中以下为参照系。地形分为平原、山地和丘陵三类，平原为参照系。括号内为标准误。＊＊＊表示在1%水平上显著；＊＊表示在5%水平上显著；＊表示在10%水平上显著。

四、研究结论

首先，农民工创业由于人力资本、社会网络和资源的约束，需要建立自己的创业团队，从而获得更好的创业绩效，其创业团队成员的构成对农民工创业的成长和水平的提升具有十分重要的意义。其次，地理因素对农民工创业团队中来源于本地的合伙人数量具有显著影响，如与平原相比，山地和丘陵地带创业农民工合伙人中来源于本地的数量要多，与县城、城镇和集镇的距离均正向影响本地合伙人的数量，这说明偏远地区的农民工更倾向于合伙创业，并且创业团队更倾向于基于本地社会网络关系建立。再次，在创业环境的营造过程中，政府部门除了直接支持外，更应该重视软环境的建设，比如产业集群环境的营造和地方创业网络创业氛围的营造等。最后，加强返乡农民工与家乡的人际沟通，拓宽返乡创业人员的信息渠道，提升返乡创业农民工对国家政策的关注度和对创业经验的积累，提升其创业机会识别能力。

第七节　创业区位对农民工创业成长的影响

一、文献综述与研究假设

打工经历、社会网络、人力资源、信息资源、市场机会是影响农民工新创企业成长的关键因素（庄晋财和冯雪，2014）。特困地区的规制、认知及规范环境均对农民工新创企业成长具有显著的正向影响（袁明达，2019）。嵌入创业区位的创业关系网络对新创企业效益具有正面促进作用（曹院平，2019）。农民工返乡选择在农业范围内创业，不可避免地面临市场、自然、管理和政策等多方面的风险，任何一类风险都可能导致创业失败（曹院平，2019）。

返乡农民工创业模式具有趋同性，多半是利用打工积累的资金、技术和管理知识，以及在农村拥有的生产资料和城市积累的各种人脉，在政府部门的支持下进行创业（邹芳芳和黄洁，2014）。自有社会资源、自有财务资源以及外部财务资源对返乡创业农民工的创业绩效有明显的正向影响。社会关系网络是农民工获取创业所需资源的一条重要途径，创业网络能力对获取财务资源、技术资源和市场资源都具有显著的正向影响，财务资源和市场资源对创业生存起到更大的作用。因此，农民工不仅要致力于提高自身网络能力和学习能力，还应根据所处的创业阶段及所面临的困境针对性地获取资源（芮正云和史清华，2018）。

社会网络和产业网络的双重嵌入是农民工返乡创业成长的关键（庄晋财和吴培，2014）。由于中国城乡二元结构的存在，农民工创业面临着社会网络和产业网络偏离的困境，农民工的网络能力就成为其克服创业资源约束的关键（陈聪、庄晋财和程李梅，2013）。对产业网络的嵌入方式不同，其绩效也不相同（庄晋财、马婧和王春燕，2015）。企业家个人网络的强关系性、主体多样性以及地理分散性对新颖型商业模式创新以及创业企业成长具有重要作用（向永胜和施晨阳，2020）。

政府通过制定各项惠农政策、完善创业相关制度、营造良好的创业法治环境等，对返乡农民工创业发挥了促进作用。创业氛围代表返乡农民工对创业的价值判断及态度，在"熟人社会"中形成创业支持，积极影响返乡农民工创业活动。良好的制度环境对返乡农民工创业成长具有显著提升作用（朱红根和梁曦，2018）。政治关系资本和人际关系资本水平越高，返乡农民工创业成功的概率就越大（朱红根，2018）。

随着创业者居住地和创业活动所在地之间地理距离的增大，创业者的经营效率呈现出先升后降的倒 U 型趋势（杨昊、贺小刚和杨婵，2019）。创业企业间的协同创新关系主要来自对社会网络的优化应用，社会网络的结构特征对知识转移和创新项目合作产生重要影响，地理邻近性对协同创新关系有显著正向影响，认知邻近性对协同创新关系具有显著负向影响，而网络密度越大，建立关系的成本越大（张洁瑶，2018）。创业者实施创业活动的空间选择受到区域产业环境和制度环境的制约，前者包括市场条件、基础设施、产业关联等因素，后者包括区域政策法规等正式制度和社会风俗、价值观等非正式制度（庄晋财和敖晓红，2016），一定区位上的产业环境和制度环境是影响农民工创业成长的关键因素。

（一）地形对农民工创业成长的影响

山地和丘陵相对于平原来讲，其交通便利性和基础设施条件都较差，创业企业的成长受到制约，因此相对于平原，山地和丘陵负向影响农民工返乡创业的成长。因此，提出假设：

假设1：山地和丘陵负向影响农民工创业企业的成长。

假设1.1：山地和丘陵负向影响农民工创业企业的利润率。

假设1.2：山地和丘陵负向影响农民工创业企业的资产增长速度。

假设1.3：山地和丘陵负向影响农民工创业企业的销售总额增长速度。

假设1.4：山地和丘陵负向影响农民工创业企业的纯收入增长速度。

假设1.5：山地和丘陵负向影响农民工创业企业的雇佣工人的增长速度。

（二）与城镇的距离对创业农民工成长的影响

城镇是人力资本、资源和市场的综合体，与城镇距离越近，农民工创业企业成长就越快。与城镇的距离在一定程度反映了农民工创业企业所处位置的偏远情况，以及距离市场、信息集散地、经济活动中心和政府部门的远近，这些因素对农民工创业成长都具有十分重要的影响。一般来说，距离城镇越近，就越容易接触到这些资源，越容易通过嵌入创业区位的社会资本获得这些资源，从而推动创业企业的成长。因此，提出假设：

假设2：与城镇距离负向影响农民工创业企业成长指标。

假设2.1：与城镇距离负向影响农民工创业企业利润率。

假设2.2：与城镇距离负向影响农民工创业企业资产增长速度。

假设2.3：与城镇距离负向影响农民工创业企业销售总额增长速度。

假设2.4：与城镇距离负向影响农民工创业企业纯收入增长速度。

假设2.5：与城镇距离负向影响农民工创业企业雇工规模增长速度。

（三）创业环境对农民工创业成长的影响

创业环境对农民工创业成长影响较大，创业者面临的外部环境会影响其创业绩效（王转弟和马红玉，2020）。创业环境影响农民工创业行为选择（佟光霁和邢策，2020）。农村创业环境作为一个创业生态系统，其建构优化具有十分重要的影响，同时也是促进农民工返乡创业的一个关键问题。返乡创业农民工作为一个创业主体，其与创业外部环境要素构成了农村创业生态系统发展和演化过程（沙德春和孙佳星，2020），是一个双向互动过程。基于分析的目标，我们主要分析创业环境对创业主体及创业企业绩效的影响。因此，提出假设3：

假设3：创业环境显著正向影响农民工创业成长指标。

1. 交通便利性的影响

交通便利性对创业成长具有十分重要的影响。首先，交通便利性能够影响服务和产品的流通成本，交通越便利，在物流运输、服务传递方面所付出的成本就越小。其次，交通便利性影响企业与市场的沟通，交通便利能够提升创业企业与市场的接触频率，提升农民工创业企业对市场的了解。最后，交通便利性有助于提升创业的信息可得性，提升了人员流动和信息流动的频率，使创业农民工更有效地获得准确的市场信息。

假设3.1：交通便利性显著正向影响农民工创业成长指标。

2. 基础设施的影响

创业区位的基础设施显著影响农民工创业企业的成长绩效。首先，基础设施条件越好，越容易形成企业集聚，企业集聚形成集聚效应，推动产业的转型升级，降低企业经营的成本。其次，基础设施条件越好，资源的可获得性水平越高，一些创业的必要资源，比如水、电、劳动力等越容易得到，能够提高企业经营的可持续性，从而提高创业企业的经营绩效。最后，基础设施条件越好，越容易吸引更多的需求者和消费者集聚，有利于形成产品或服务市场和市场交易行为，从而降低创业农民工的搜寻和信息成本。因此，提出假设3.2：

假设3.2：基础设施显著正向影响农民工创业企业的成长。

3. 创业积极性的影响

创业积极性对农民工创业成长绩效具有积极的影响。首先，当地居民创业积极性越强，同行创业的就越多，就越容易形成创业集聚和产业集聚，从而提升农民工创业成长绩效。其次，当地居民创业积极性会形成有效的创业氛围，激励创业者更加注重创新，注重企业的经营惯例和绩效，注重对企业的投入。最后，创业积极性提升竞争的激烈程度，使创业农民工在激烈的创业竞争过程中更加成熟，创业能力水平逐步提升。因此，提出假设3.3：

假设3.3：本地居民创业积极性越高，农民工创业成长绩效指标就越高。

4. 产业集聚的影响

产业集聚对创业成长绩效具有十分重要的影响。首先，产业集聚内部形成有效的专业分工，使创业农民工更加专注于自己环节的经营，同时，与上下游企业在地理上具有临近性，能够降低与其他环节的交易成本，从而提升自身经营绩效。其次，大量企业在一定地理范围内集聚，形成规模经济和范围经济，推动农民工创业企业的成长。最后，产业集聚推动农民工创业企业的创新发生概率，为了应付产业集聚内部激烈的市场竞争，农民工创业企业必须持续地创新，才能在产业集聚区内生存。因此，提出假设3.4：

假设3.4：产业集聚显著正向影响农民工创业企业的成长指标。

5. 政府扶持政策的影响

农民工作为弱势群体创业，政府的扶持政策十分重要。首先，政府扶持政策在一定程度上降低了农民工创业企业的创业成本和经营成本，比如政府优惠的信贷政策降低了创业农民工的资金成本，补贴政策直接降低了其经营成本。其次，政府扶持政策为农民工创业企业成长提供了制度保障，农民工创业企业成长需要良好的制度环境，扶持政策能够优化创业的制度环境，提高制度的效率，从而提升创业成长绩效。最后，创业扶持政策具有外部性，能够推动创业的持续发生，形成产业集群，进而推动农民工创业成长，还可以通过相关技术研发、基础设施改善和创业能力培训等措施，提高农民工创业企业的成长指标。因此，提出假设3.5：

假设3.5：政府扶持政策显著正向影响农民工创业企业的成长指标。

6. 同行创业朋友个数的影响

同行创业朋友的个数形成创业网络的规模，同时也形成创业的支持网络。首先，同行创业朋友个数越多，就会有越多的朋友支持，在创业过程中遇到创业障碍时就会越快、越低成本地解决。其次，同行创业朋友的个数越多，越容易获得与创业经营相关的市场信息、技术信息和政策信息，使企业经营过程中的信息非对称程度降低，从而降低创业企业的交易成本。最后，创业同行同样是一个企业家精神和能力的训练和培训群体，人数越多，农民工创业可咨询和请教的人就越多，企业家能力提升得就越快。因此，提出假设3.6：

假设3.6：同行创业朋友的个数显著正向影响农民工创业企业成长。

二、变量与模型选择

1. 变量

被解释变量用创业增长指标表示。其中，"利润率"用百分比表示；"资产规模的增长速度""销售总额的增长速度""经营纯收入（收入-成本）的增长速度""雇佣工人的增长速度"这四个指标用7分量表来衡量。自变量如上一章所述。

2. 模型选择

我们选择回归模型来分析，如果因变量是类型变量，二元的使用Logisitc模型，多元的使用多项Logit模型来分析。自变量定义如前述，我们只关注山地和丘陵的系数及其显著性：

$$y_i = \alpha + \beta_1 age_i + \beta_2 sex + \beta_3 highschool_i + \beta_4 college_i + \beta_5 duration_i + \beta_6 mountain + \beta_7 hills +$$

$$\beta_8 dis-county + \beta_9 dis-town + \beta_{10} dis-market + \beta_{11} trans + \beta_{12} infras + \beta_{13} initiative +$$

$$\beta_{14} cluster + \beta_{15} support + \beta_{16} en-friends$$

三、实证结果

（一）创业利润率的影响因素

1. 地形对创业利润率的影响

我们利用线性回归模型分析地形对利润率的影响，结果如表 3-26 所示：①与平原相比，山地和丘陵地形变量正向影响农民工创业企业的利润率，即山地和丘陵地带农民工创业企业的利润率高于平原地带。②山地变量的系数在 10% 统计水平上显著，丘陵变量的系数在 1% 统计水平上显著。③这与我们的假设 1.1 和假设 1.2 相悖，其中可能的原因是：首先，与平原相比，山地和丘陵地带创业一般选择农家乐、地方特色农业经营等，创业使用的资源大多是自家所有，没有大的投资和建设，所需要的材料也是从地方获得，价格低廉，因此在该地区创业的利润较大。其次，山地和丘陵地带劳动力价格相对于平原地区较低，使创业雇佣的劳动力成本较低，从而提高利润率。最后，创业所使用的土地、房屋和相关固定设施租金较低，有的创业者使用的都是自己的土地和固定资产，没有租金，从而提高了创业的利润率。

表 3-26　地形对创业利润率的影响

	模型 1		模型 2	
	Coef.	Std. Err.	Coef.	Std. Err.
常数项	45.0955	6.2811	46.2170	6.1261
age	0.0870	0.1547	0.0373	0.1519
sex	2.7381	2.6545	3.2056	2.6211
highschool	-3.0629	2.9521	-2.7873	2.9166
college	-2.9693	3.6003	-4.8891	3.5682
duration	0.2311	0.2782	0.2679	0.2749
mountain	8.3770*	5.0728		
hills			20.0013***	5.8378
F (6,369)	1.25		2.77	
R-squared	0.0198		0.0430	

续表

	模型 1		模型 2	
	Coef.	Std. Err.	Coef.	Std. Err.
Adj R-squared	0.0039		0.0275	

注：在教育程度中，初中及初中以下为参照系。地形分为平原、山地和丘陵三类，平原为参照系。***表示在1%水平上显著；*表示在10%水平上显著。

2. 与县城、城镇、集镇距离对创业利润率的影响

如表 3-27 所示：①距离变量负向影响农民工创业的利润率，即距离县城、城镇、集镇越远，利润率越低。②距离变量的影响系数在统计上并不显著。③这与假设 2.1 在方向上一致，但是不显著，因此假设 2.1 没有得到验证。

表 3-27　与县城、城镇、集镇距离对创业利润率的影响

	模型 1	模型 2	模型 3
常数项	47.3934***	48.3026***	46.9145***
	(6.3996)	(6.3397)	(6.2341)
age	0.0525	0.0419	0.0528
	(0.1545)	(0.1544)	(0.1547)
sex	3.0095	3.1549	2.9889
	(2.6656)	(2.6622)	(2.6648)
highschool	−3.0914	−3.1421	−2.9873
	(2.9807)	(2.9608)	(2.9637)
college	−3.6586	−3.4202	−3.5027
	(3.6270)	(3.5938)	(3.6007)
duration	0.1990	0.2152	0.2096
	(0.2784)	(0.2783)	(0.2814)
dis-county	−0.0240		
	(0.0592)		
dis-town		−0.1414	
		(0.1191)	
dis-market			−0.0094
			(0.0300)
F (6,369)	0.81	1.02	0.80
R-squared	0.0130	0.0164	0.0129

续表

	模型 1	模型 2	模型 3
Adj R-squared	-0.0030	0.0004	-0.0032

注：在教育程度中，初中及初中以下为参照系。地形分为平原、山地和丘陵三类，平原为参照系。括号内为标准误。***表示在1%水平上显著。

3. 创业环境对创业利润率的影响

我们同样使用线性回归模型分析创业环境对利润率的影响，如表3-28所示：①在创业环境变量中，六个变量对创业利润率均具有正向影响，即创业环境越好，农民工返乡创业的利润率越高。②交通便利性的影响系数在5%统计水平上显著；基础设施变量的影响系数在1%统计水平上显著；创业积极性变量的影响系数在10%统计水平上显著；其他三个变量在统计水平上都不显著。③假设3.1、假设3.2、假设3.3得到验证，假设3.4、假设3.5、假设3.6没有得到验证，其中可能的原因有：首先，产业集群内部竞争比较激烈，农民工创业很难获得超额利润。其次，获得政府的支持是有成本的，一般都是低利润的环保行业，所以利润较低。最后，本地创业朋友的个数越多，创业竞争的同行就越多，高利润很难获得。

表3-28 创业环境对创业利润率的影响

	模型 1	模型 2	模型 3	模型 4	模型 5	模型 6
常数项	38.1411*** (7.5314)	29.2970*** (7.4224)	38.6911*** (7.5425)	46.4202*** (6.4258)	45.9440*** (7.1327)	44.8020*** (6.4194)
age	0.0529 (0.1534)	0.0662 (0.1508)	0.0660 (0.1535)	0.0580 (0.1543)	0.0570 (0.1542)	0.0759 (0.1547)
sex	3.4197 (2.6574)	2.7351 (2.6029)	3.2812 (2.6548)	2.9243 (2.6627)	2.9903 (2.6681)	2.8487 (2.6573)
highschool	-3.3607 (2.9530)	-3.3102 (2.8979)	-2.9716 (2.9482)	-2.9508 (2.9621)	-2.9794 (2.9638)	-2.8182 (2.9585)
college	-2.1735 (3.6389)	-2.2320 (3.5336)	-2.8579 (3.5984)	-3.5243 (3.6061)	-3.5390 (3.6092)	-3.5407 (3.5935)

续表

	模型1	模型2	模型3	模型4	模型5	模型6
duration	0.2640 (0.2789)	0.2779 (0.2730)	0.1607 (0.2777)	0.1980 (0.2785)	0.1946 (0.2785)	0.1283 (0.2835)
trans	1.9431** (0.9660)					
infras		3.8062*** (0.9259)				
initiative			1.9778* (1.0532)			
cluster				0.5686 (2.5436)		
support					0.2207 (0.9208)	
en-friends						3.1045 (2.5622)
F (6,369)	1.47	3.64	1.380	0.79	0.79	1.03
R-squared	0.0233	0.0558	0.0219	0.0127	0.0128	0.0156
Adj R-squared	0.0074	0.0405	0.0060	-0.0033	-0.0033	0.0005

注：在教育程度中，初中及初中以下为参照系。地形分为平原、山地和丘陵三类，平原为参照系。括号内为标准误。***表示在1%水平上显著；**表示在5%水平上显著；*表示在10%水平上显著。

（二）创业区位对资产增长率的影响

1. 地形对资产增长率的影响

我们使用线性回归模型分析地形对资产增长率的影响，结果如表3-29所示：①山地变量负向影响农民工创业企业的资产增长率，丘陵变量负向影响农民工创业企业的资产周转率，即与平原相比，山地创业农民工资产增长率要低，丘陵地带的资产周转率要高。②山地和丘陵变量的影响系数在统计水平上都不显著。③假设1.2没有得到验证。

表3-29 地形对资产增长率的影响

	模型1	模型2
常数项	3.9903*** (0.3414)	3.9231*** (0.3363)

续表

	模型 1	模型 2
age	−0.0078 （0.0084）	−0.0073 （0.0083）
sex	0.2705* （0.1443）	0.2706* （0.1439）
highschool	−0.1681 （0.1604）	−0.1674 （0.1601）
college	−0.4266** （0.1957）	−0.4460** （0.1959）
duration	−0.0205 （0.0151）	−0.0176 （0.0150）
mountain	−0.2637 （0.2757）	
hills		0.5012 （0.3205）
F（6,369）	1.93*	2.19**
R−squared	0.0304	0.0344
Adj R−squared	0.0146	0.0187

注：在教育程度中，初中及初中以下为参照系。地形分为平原、山地和丘陵三类，平原为参照系。括号内为标准误。***表示在1%水平上显著；**表示在5%水平上显著；*表示在10%水平上显著。

2. 与县城、城镇、集镇距离对资产增长速度的影响

使用线性回归模型分析与县城、城镇、集镇距离对资产增长率的影响，结果如表 3-30 所示：①距离变量都正向影响创业企业的资产增长速度，即距离县城、城镇和集镇越远，资产增长的速度就越快。②与县城的距离影响系数在 10% 统计水平上显著，与城镇和集镇的距离影响系数在 1% 和 5% 统计水平上显著。③这与我们的假设 2.2 相悖，其中可能的原因是：首先，偏远地区大多是农业范围内的创业，其资产投资一般都是先期投入，即基础设施投资较大，因此资产增长速度较快。其次，偏远地区资本缺乏，一般投资于投资额较小的项目进行创业，资产的基数较小，资产绝对额稍微增加，与原来投资相比，就会有增长较快的认知。最后，偏远地区创业容易得到政府部门的支持和补贴。

表3-30　与县城、城镇、集镇距离对创业资产增长率的影响

	模型1	模型2	模型3
常数项	3.7847 *** (0.3454)	3.7517 *** (0.3411)	3.8867 *** (0.3358)
age	−0.0058 (0.0083)	−0.0050 (0.0083)	−0.0054 (0.0083)
sex	0.2478 (0.1439)	0.2383 * (0.1432)	0.2471 * (0.1435)
highschool	−0.1374 (0.1609)	−0.1486 (0.1593)	−0.1591 (0.1596)
college	−0.3655 * (0.1958)	−0.4176 ** (0.1933)	−0.4011 ** (0.1940)
duration	−0.0200 (0.0150)	−0.0217 (0.0149)	−0.0243 (0.0151)
dis-county	0.0059 * (0.0032)		
dis-town		0.0172 *** (0.0064)	
dis-market			0.0035 ** (0.0016)
F (6,369)	2.37 **	3.01 ***	2.61 **
R-squared	0.0371	0.0467	0.0407
Adj R-squared	0.0215	0.0312	0.0251

注：在教育程度中，初中及初中以下为参照系。地形分为平原、山地和丘陵三类，平原为参照系。括号内为标准误。 *** 表示在1%水平上显著； ** 表示在5%水平上显著； * 表示在10%水平上显著。

3. 创业环境对资产率增长的影响

建立线性回归模型分析创业环境对资产增长率的影响，结果如表3-31所示：①创业环境中的六个变量均正向影响农民工创业企业的资产增长速度，即创业环境越好，资产增长速度越快。②创业环境中五个变量的影响系数都在1%统计水平上显著，只有产业集聚影响系数不显著。③假设3.1、假设3.2、假设3.3、假设3.5和假设3.6得到验证，假设3.4没有得到验证，假设3得到部分验证。产业集聚变量不显著的原因可能是：在产业集群内部，有些生产环节可以外包，企业一般不需要投资太多的固定资产，只需要将投资较大的环节外包出去即可，因

此资产增长速度较慢。

表3-31 创业环境对资产增长率的影响

	模型1	模型2	模型3	模型4	模型5	模型6
常数项	3.2511*** (0.4058)	2.8011*** (0.3984)	2.8075*** (0.3978)	3.8622*** (0.3481)	3.4431*** (0.3832)	3.7355*** (0.3463)
age	-0.0071 (0.0082)	-0.0062 (0.0080)	-0.0055 (0.0081)	-0.0066 (0.0083)	-0.0067 (0.0082)	-0.0049 (0.0083)
sex	0.3018** (0.1432)	0.2504* (0.1397)	0.3111** (0.1400)	0.2598* (0.1442)	0.2912** (0.1433)	0.2543* (0.1433)
highschool	-0.2038 (0.1591)	-0.1947 (0.1555)	-0.1740 (0.1555)	-0.1708 (0.1604)	-0.1864 (0.1592)	-0.1577 (0.1596)
college	-0.3070 (0.1960)	-0.3296 (0.1897)	-0.3241* (0.1898)	-0.4203** (0.1953)	-0.4469** (0.1939)	-0.4170** (0.1938)
duration	-0.0140 (0.0150)	-0.0141 (0.0146)	-0.0244* (0.0146)	-0.0191 (0.0150)	-0.0206 (0.0149)	-0.0264* (0.0152)
trans	0.1543*** (0.0520)					
infras		0.2473*** (0.0497)				
initiative			0.2762*** (0.0555)			
cluster				0.1183 (0.1378)		
support					0.1303*** (0.0494)	
en-friends						0.3164** (0.1382)
$F_{(6,369)}$	3.28***	6.01***	6.01***	1.90*	2.96***	2.67**
R-squared	0.0506	0.0891	0.0890	0.0299	0.0459	0.0416
Adj R-squared	0.0351	0.0743	0.0742	0.0141	0.0304	0.0260

注：在教育程度中，初中及初中以下为参照系。地形分为平原、山地和丘陵三类，平原为参照系。括号内为标准误。***表示在1%水平上显著；**表示在5%水平上显著；*表示在10%水平上显著。

（三）创业区位对销售总额增长速度的影响

1. 地形对销售增长率的影响

如表3-32所示：①山地变量对销售增长率具有负向影响，丘陵变量对销售增长率具有正向影响，即与平原相比，山地销售总额增长速度要低，丘陵销售总额增长速度要高。②山地的影响系数在 10% 统计水平上显著，丘陵的影响系数在统计水平上不显著。③假设 1.1 得到验证，假设 1.2 没有得到验证，可能的原因是：丘陵地带创业一般是农家乐等小规模的旅游经营或者养殖和农业经营，销售额一般前期增长速度较快。

表 3-32　地形对销售增长率的影响

	模型 1	模型 2
常数项	3.7382 *** (0.3274)	3.6439 *** (0.3238)
age	−0.0050 (0.0080)	−0.0038 (0.0080)
sex	0.3912 *** (0.1383)	0.3848 *** (0.1385)
highschool	−0.1374 (0.1538)	−0.1403 (0.1542)
college	−0.2921 (0.1876)	−0.2884 (0.1886)
duration	−0.0042 (0.0145)	−0.0014 (0.0145)
mountain	−0.4246 * (0.2644)	
hills		0.3134 (0.3086)
F (6,369)	2.34 **	2.07 **
R-squared	0.0366	0.0326
Adj R-squared	0.0210	0.0169

注：在教育程度中，初中及初中以下为参照系。地形分为平原、山地和丘陵三类，平原为参照系。括号内为标准误。*** 表示在 1% 水平上显著；** 表示在 5% 水平上显著；* 表示在 10% 水平上显著。

2. 与县城、城镇、集镇距离对销售增长率的影响

如表 3-33 所示：①与县城、城镇和集镇的距离正向影响销售总额增长速度，即距离越远，销售总额的增长速度越快。②与城镇的距离的影响系数在 10% 统计

水平上显著，其他变量的影响系数在统计水平上不显著。③假设3.1、假设3.2和假设3.3都没有得到验证，其中可能的原因是：距离越远，创业的区位就越偏僻，创业倾向于农业、旅游业等，这些行业一般在前期销售增长速度较快，稳定后增长速度较慢，销售总额的增长速度不平衡，很难有一个明显的特征。

表3-33　与县城、城镇、集镇距离对销售增长率的影响

	模型1	模型2	模型3
常数项	3.5787*** (0.3332)	3.5306*** (0.3295)	3.6367*** (0.3247)
age	−0.0030 (0.0080)	−0.0023 (0.0080)	−0.0030 (0.0080)
sex	0.3729*** (0.1388)	0.3638*** (0.1383)	0.3754*** (0.1388)
highschool	−0.1264 (0.1552)	−0.1279 (0.1539)	−0.1390 (0.1543)
college	−0.2444 (0.1888)	−0.2709 (0.1868)	−0.2633 (0.1875)
duration	−0.0028 (0.0144)	−0.0040 (0.0144)	−0.0040 (0.0146)
dis−county	0.0029 (0.0030)		
dis−town		0.0113* (0.0061)	
dis−market			0.0011 (0.0015)
$F_{(6, 369)}$	2.05**	2.47**	1.99**
R-squared	0.0322	0.0386	0.0313
Adj R-squared	0.0165	0.0230	0.0155

注：在教育程度中，初中及初中以下为参照系。地形分为平原、山地和丘陵三类，平原为参照系。括号内为标准误。***表示在1%水平上显著；**表示在5%水平上显著；*表示在10%水平上显著。

3. 创业环境对销售增长率的影响

如表3-34所示：①创业环境中六个变量均正向影响销售总额的增长速度，即创业环境越好，农民工创业企业的销售总额的增长速度越快。②交通便利性、

产业集聚和政府的支持力度影响系数在5%统计水平上显著，其他变量的影响系数均在1%统计水平上显著。③假设3及假设3.1、假设3.2、假设3.3、假设3.4、假设3.5、假设3.6均得到验证。

表3-34　创业环境对销售增长率的影响

	模型1	模型2	模型3	模型4	模型5	模型6
常数项	3.1654*** (0.3921)	2.4353*** (0.3798)	2.7665*** (0.3866)	3.4567*** (0.3324)	3.2849*** (0.3697)	3.4303*** (0.3321)
age	−0.0037 (0.0079)	−0.0028 (0.0077)	−0.0025 (0.0078)	−0.0027 (0.0079)	−0.0033 (0.0079)	−0.0013 (0.0080)
sex	0.4076*** (0.1383)	0.3662*** (0.1332)	0.4177*** (0.1360)	0.3699*** (0.1377)	0.4010*** (0.1383)	0.3700*** (0.1374)
highschool	−0.1659 (0.1537)	−0.1677 (0.1483)	−0.1448 (0.1511)	−0.1410 (0.1532)	−0.1540 (0.1536)	−0.1276 (0.1530)
college	−0.1928 (0.1894)	−0.1796 (0.1808)	−0.1984 (0.1844)	−0.2917 (0.1865)	−0.2934 (0.1870)	−0.2734 (0.1859)
duration	0.0012 (0.0145)	0.0031 (0.0139)	−0.0064 (0.0142)	−0.0017 (0.0144)	−0.0034 (0.0144)	−0.0102 (0.0146)
trans	0.1096** (0.0503)					
infras		0.2650*** (0.0473)				
initiative			0.2166*** (0.0539)			
cluster				0.3093** (0.1316)		
support					0.0970** (0.0477)	
en-friends						0.3490*** (0.1325)
F (6,369)	2.71**	7.27***	4.66***	2.84***	2.61**	3.09***
R-squared	0.0422	0.1057	0.0705	0.0442	0.0406	0.0478
Adj R-squared	0.0267	0.0912	0.0554	0.0287	0.0250	0.0323

注：在教育程度中，初中及初中以下为参照系。地形分为平原、山地和丘陵三类，平原为参照系。括号内为标准误。***表示在1%水平上显著；**表示在5%水平上显著。

（四）创业区位对纯收入增长率的影响

1. 地形对纯收入增长率的影响

如表 3-35 所示：①山地地形对经营纯收入增长速度具有负向影响，丘陵地形对经营纯收入增长速度具有正向影响，即与平原相比，山地农民工创业企业的纯收入增长速度要低，丘陵地带农民工创业企业的经营纯收入的增长速度要高。②山地和丘陵变量的影响系数均在统计水平上不显著。③假设 1、假设 1.1 和假设 1.2 均没有得到验证，其中可能的原因是与山地和丘陵创业选择的行业有关，一般选择与农业有关或者旅游业相关的行业创业，这些行业纯收入增长速度较慢。

表 3-35 地形对纯收入增长率的影响分析

	模型 1	模型 2
常数项	3.7545 ***	3.6997 ***
	(0.3336)	(0.3287)
age	-0.0114	-0.0110
	(0.0082)	(0.0081)
sex	0.4851 ***	0.4853 ***
	(0.1411)	(0.1407)
highschool	-0.0307	-0.0303
	(0.1573)	(0.1570)
college	-0.0852	-0.1024
	(0.1912)	(0.1914)
duration	0.0058	0.0082
	(0.0147)	(0.0147)
mountain	-0.2133	
	(0.2694)	
hills		0.4259
		(0.3132)
F (6,369)	2.51 **	2.72 **
R-squared	0.0393	0.0424
Adj R-squared	0.0236	0.0268

注：在教育程度中，初中及初中以下为参照系。地形分为平原、山地和丘陵三类，平原为参照系。括号内为标准误。***表示在1%水平上显著；**表示在5%水平上显著。

2. 与县城、城镇、集镇距离对纯收入增长率的影响

如表 3-36 所示：①与县城的距离变量对农民工创业企业的纯收入增长率具有正向影响，与城镇距离和与集镇的距离对企业的纯收入增长率具有负向影响。②距离变量的影响系数均在统计水平上不显著。③假设 2.4 没有得到验证，其中可能的原因是与选择的行业以及销售的成本有关。

表 3-36　与县城、城镇、集镇距离对纯收入增长率的影响

	模型 1	模型 2	模型 3
常数项	3.6990 *** (0.3391)	3.7720 *** (0.3361)	3.7219 *** (0.3301)
age	−0.0105 (0.0081)	−0.0112 (0.0081)	−0.0109 (0.0081)
sex	0.4785 *** (0.0141)	0.4880 *** (0.1412)	0.4832 *** (0.1412)
highschool	−0.0308 (0.1584)	−0.0414 (0.1574)	−0.0036 (0.1574)
college	−0.0686 (0.1921)	−0.0701 (0.1904)	−0.0742 (0.1906)
duration	0.0066 (0.0147)	0.0074 (0.0147)	0.0076 (0.0149)
dis-county	0.0004 (0.0031)		
dis-town		−0.0055 (0.0063)	
dis-market			−0.0007 (0.0015)
F (6,368)	2.40 **	2.53 **	2.43 **
R-squared	0.0377	0.0397	0.0382
Adj R-squared	0.0220	0.0240	0.0225

注：在教育程度中，初中及初中以下为参照系。地形分为平原、山地和丘陵三类，平原为参照系。括号内为标准误。*** 表示在1%水平上显著；** 表示在5%水平上显著。

3. 创业环境对纯收入增长率的影响

如表 3-37 所示：①除创业朋友个数变量外，创业环境的其他五个变量均正

向影响创业纯收入增长率。②除创业朋友的个数影响系数不显著外，其他变量均在1%统计水平上显著。③假设3.1至假设3.5得到验证，假设3.6没有得到验证。创业朋友的个数虽然正向影响纯收入增长率，但是不显著，其中可能的原因是虽然能够增加销售额，但是一般价格偏低，因此经营纯收入就低。

表3-37　创业环境对纯收入增长率的影响

	模型1	模型2	模型3	模型4	模型5	模型6
常数项	3.0466*** （0.3964）	2.7404*** （0.3921）	2.9873*** （0.3959）	3.6052*** （0.3395）	3.1804*** （0.3738）	3.6532*** （0.3405）
age	-0.0109 （0.0080）	-0.0101 （0.0079）	-0.0098 （0.0080）	-0.0102 （0.0081）	-0.0104 （0.0080）	-0.0100 （0.0082）
sex	0.5161*** （0.1399）	0.4676*** （0.1376）	0.5101*** （0.1394）	0.4734*** （0.1408）	0.5098*** （0.1398）	0.4772*** （0.1410）
highschool	-0.0656 （0.1559）	-0.0548 （0.1536）	-0.0349 （0.1552）	-0.0336 （0.1570）	-0.0478 （0.1557）	-0.0292 （0.1574）
college	0.0280 （0.1915）	-0.0032 （0.1866）	-0.0168 （0.1888）	-0.0863 （0.1905）	-0.1111 （0.1890）	-0.0741 （0.1905）
duration	0.0119 （0.0146）	0.0112 （0.0144）	0.0034 （0.0145）	0.0071 （0.0147）	0.0053 （0.0145）	0.0046 （0.0150）
trans	0.1496*** （0.0508）					
infras		0.2115*** （0.0489）				
initiative			0.1770*** （0.0552）			
cluster				0.1686 （0.1346）		
support					0.1399*** （0.0482）	
en-friends						0.0913 （0.1360）
F（6,368）	3.90***	5.64***	4.17***	2.67**	3.85***	2.48**
R-squared	0.0598	0.0842	0.0637	0.0417	0.0591	0.0388
Adj R-squared	0.0444	0.0692	0.0485	0.0261	0.0438	0.0231

注：在教育程度中，初中及初中以下为参照系。地形分为平原、山地和丘陵三类，平原为参照系。括号内为标准误。***表示在1%水平上显著；**表示在5%水平上显著。

（五）创业区位对雇工增长速度的影响

1. 地形对雇工增长速度的影响

如表3-38所示：①山地和丘陵变量都正向影响雇工的增长速度，即与平原相比，山地和丘陵的农民工创业企业的雇工增长速度要快。②山地变量的影响系数在统计水平上不显著，丘陵变量的影响系数在10%统计水平上显著。③假设2.5没有得到验证，其中可能的原因是：山地和丘陵地带劳动力比较充足，其创业选择的行业一般也是劳动力需求较多的行业，因此劳动力增长速度较平原更快。

表3-38 地形对雇工增长速度的影响

	模型1	模型2
常数项	3.2214*** (0.3731)	3.2097*** (0.3664)
age	-0.0052 (0.0091)	-0.0060 (0.0090)
sex	0.3187** (0.1576)	0.3285** (0.1567)
highschool	0.0128 (0.1753)	0.0189 (0.1744)
college	0.3962* (0.2138)	0.3461 (0.2134)
duration	0.0281 (0.0165)	0.0304* (0.0164)
mountain	0.0370 (0.3013)	
hills		0.6788* (0.3491)
$F_{(6,369)}$	1.74	2.38**
R-squared	0.0275	0.0373
Adj R-squared	0.0117	0.0216

注：在教育程度中，初中及初中以下为参照系。地形分为平原、山地和丘陵三类，平原为参照系。括号内为标准误。***表示在1%水平上显著；**表示在5%水平上显著；*表示在10%水平上显著。

2. 与县城、城镇、集镇距离对雇工增长速度的影响

如表 3-39 所示：①距离变量对雇工的增长速度具有负向影响，即距离县城、城镇和集镇越远，农民工创业企业雇工的增长速度越慢。②距离城镇的距离系数在 5% 统计水平上显著，其他距离变量的影响系数在统计水平上都不显著。③假设 2.5 部分得到验证。

表 3-39 与县城、城镇、集镇距离对雇工增长速度的影响

	模型 1	模型 2	模型 3
常数项	3.3625***	3.3842***	3.2622***
	(0.3777)	(0.3738)	(0.3681)
age	−0.0062	−0.0068	−0.0063
	(0.0091)	(0.0091)	(0.0091)
sex	0.3339**	0.3412**	0.3308**
	(0.1573)	(0.1569)	(0.1573)
highschool	−0.0165	−0.0058	0.0051
	(0.1759)	(0.1745)	(0.1750)
college	0.3545*	0.3998**	0.3877**
	(0.2140)	(0.2119)	(0.2126)
duration	0.0285*	0.0298*	0.0312*
	(0.0164)	(0.0164)	(0.0166)
dis−county	−0.0052		
	(0.0034)		
dis−town		−0.0144**	
		(0.0070)	
dis−market			−0.0023
			(0.0017)
F (6,368)	2.12**	2.46**	2.04**
R-squared	0.0333	0.0384	0.0321
Adj R-squared	0.0176	0.0228	0.0163

注：在教育程度中，初中及初中以下为参照系。地形分为平原、山地和丘陵三类，平原为参照系。括号内为标准误。*** 表示在 1% 水平上显著；** 表示在 5% 水平上显著；* 表示在 10% 水平上显著。

3. 创业环境对雇工增长速度的影响

如表 3-40 所示：①创业环境的六个变量均对雇工增长速度具有正向影响，

即创业环境越好，创业企业的增长速度就越快。②除"交通便利性""产业集聚""本地创业的朋友个数"变量的影响系数不显著外，其他三个变量的影响系数均在1%统计水平上显著。③假设3.5得到部分验证。

表3-40　创业环境对雇工增长速度的影响

	模型1	模型2	模型3	模型4	模型5	模型6
常数项	3.1204 *** (0.4480)	2.4175 *** (0.4431)	2.4972 *** (0.4435)	3.1391 *** (0.3798)	2.4736 *** (0.4144)	3.1442 *** (0.3803)
age	-0.0054 (0.0091)	-0.0049 (0.0090)	-0.0045 (0.0090)	-0.0050 (0.0091)	-0.0050 (0.0089)	-0.0045 (0.0091)
sex	0.3256 ** (0.1581)	0.3100 ** (0.1554)	0.3501 ** (0.1561)	0.3147 ** (0.1574)	0.3612 ** (0.1550)	0.3156 ** (0.1574)
highschool	0.0082 (0.1756)	-0.0031 (0.1730)	0.0117 (0.1733)	0.0142 (0.1751)	-0.0093 (0.1722)	0.0191 (0.1752)
college	0.4103 * (0.2165)	0.4518 ** (0.2109)	0.4500 ** (0.2116)	0.3823 * (0.2131)	0.3385 (0.2097)	0.3913 * (0.2128)
duration	0.0288 * (0.0165)	0.0317 * (0.0163)	0.0247 (0.0163)	0.0283 * (0.0164)	0.0261 (0.0161)	0.0250 (0.0167)
trans	0.0243 (0.0574)					
infras		0.1766 *** (0.0552)				
initiative			0.1788 *** (0.0619)			
cluster				0.1415 (0.1503)		
support					0.1992 *** (0.0535)	
en-friends						0.1328 (0.1517)
F (6,369)	1.77	3.48 ***	3.16 ***	1.89 *	4.11 ***	1.87 *
R-squared	0.0279	0.0536	0.0489	0.0298	0.0627	0.0295
Adj R-squared	0.0121	0.0382	0.0335	0.0140	0.0474	0.0137

注：在教育程度中，初中及初中以下为参照系。地形分为平原、山地和丘陵三类，平原为参照系。括号内为标准误。***、**和*分别表示在1%、5%和10%水平上统计显著。

四、研究结论

首先，在本部分的研究中，我们发现，山地、丘陵与平原相比对创业成长的指标影响与我们原来的假设都不相符，甚至对某些成长指标的影响与我们的假设在方向上相违背，这说明，目前农民工返乡创业大多是在偏远山区和丘陵地带，政府在扶贫的指导下，推动这些地区的创业企业优先成长，从而造成该地区的创业成长较快。其次，与县城、乡镇和集镇的距离是一个空间概念，我们的部分假设得到验证，但是距离变量对不同的成长指标的影响效应存在差异。最后，创业环境对农民工创业成长具有显著的促进作用，政府部门在推动创业过程中，最主要应加强创业环境管理，提高创业环境的水平，从而推动农民工返乡创业的成长。

第四章　打工区位对农民工创业成长的影响研究

　　本章分析打工区位的地理因素、社会网络及农民工在社会网络中的不同位置对创业成长的影响及其空间机制，打工区位与创业区位的地理因素差异以及社会网络随两区位之间空间距离的变动特征对创业成长的影响程度；探讨打工区位与农民工创业成长的关联程度，建立资源获得、机会识别和团队建设三个模型，分析相对区位对农民工创业成长的空间机制。

　　农民工在城市打工，并没有融入当地社区，基于血缘、地缘的差序格局是界定网络成员的重要准则（李志刚和刘晔，2011）。打工区位形成的弱连带资源动员能力有限，原因在于：①打工区位形成的弱连带的对方大多是农民工，其所带来的资源和信息价值有限，不能更有效地推动创业。②从信任的角度看，打工区位的弱连带由于地理分散、迁移速度较快，相互之间的信任程度较低，这种不信任随农民工返乡更加增强，最终导致弱连带断裂，很难相互交流有价值的信息和资源。③打工区位到家乡区位的转换，阻碍社会资本的流动（黄洁等，2010）。农民工返乡形成打工区位和家乡区位的巨大空间位移制约了弱连带作用的发挥。农民工在城市化进程中进城离乡，使原本不够成熟的乡村社会资本大量流失，而城市社会资本又严重不足（滕丽娟，2010）。农民工创业者在创业初期资源匮乏，为了克服资源获得障碍，返乡农民工通常会求助于社会关系网络来获取创业资源，关系网络中的弱关系不利于创业者识别创业机会、获取创业资源，而强关系则具有优势（Ma and Huang，2008）。创业者地缘近似性显著正向影响农业创业企业成长（杨学儒和李新春，2013）。空间距离的增加减少了对原有社会关系的利用（李小建和时慧娜，2009）。

第一节　打工区位对创业资源获得的影响

一、文献综述与研究假设

本节探讨打工区位对创业劳动力、原材料、金融资本、技术和创业经验获得的影响，通过计量经济学模型分析打工区位网络特征、区位经济地理特征对农民工创业资源获得的影响及其空间机制，从而建立网络的规模、网络位置和区位地理特征与创业资源获得的数量关系。

打工地与家乡的距离代表的是地理临近性，同时也代表了空间的可接近性，也代表了建构长期联系的社会网络的可能性，距离越近，交流越频繁，越有利于建立强大的社会关系网络。资源的可获得性是影响农民工创业企业成长的关键因素（朱红根，2011），尤其是稀缺的、有价值的、难以模仿的、不可替代的信息和资源。社会资本有利于获取信息和资源（王栋和陈永广，2010；李新春和刘莉，2009）。农民工社会资本主要有两方面：外地弱连带和本地强连带。相关研究发现，外地弱连带处于断裂状态，而本地强连带在返乡农民工创业机会识别和企业创业绩效中更具影响（黄洁等，2009）。由于打工区位和创业区位空间距离，社会交往的密度、频率和信任水平下降，使外地弱连带不会传递创业机会有价值的信息（黄洁等，2010）。

打工经历对于创业资源获取与创业获得感具有调节作用（刘轩和马海韵，2020）。农民工返乡创业是打工地与返乡地在创业要素与供求层面上的双向嵌入，应建立需求响应机制和精准供给机制保障双向嵌入的有效性，促进农民工返乡创业实现打工地与返乡地之间的协同合作（彭小晶和王维平，2019）。沿海打工时间及收入、对打工地的满意度和社会网络关系等因素影响农民工创业资源的获得（赵浩兴，2012）。农民工通过动员打工过程积累的人力资本、资金和信息等资源来实现返乡创业的动机（黄晓勇等，2014）。农民工运用打工形成的次生网络，应对创业资金限制、政策脱节和文化约束等（刘玉侠和喻佳，2018）。此外，打工基于血缘和地缘形成的网络，在农民工返乡创业过程中同样扮演资源获取的角色（张连海，2016）。

创业资源的获得主要是以社会资本作为渠道。社会资本是一个具有空间属性的概念，社会关系是一种关系投资，是双方互动、交流和交易的行为，互动和交易的频率越高，社会资本所能够交换的资源就越多。相对而言，距离会影响互动的行为特征，距离越远，相互交流和交易的成本就越高，造成社会资本会随距离增加而衰减，从而其所能带来的资源也会衰减。因此，提出假设1：

假设1：打工地与创业地的距离负向影响农民工创业资源的获得。

打工地创业环境对农民工创业资源获得的影响大致有三个方面：首先，农民工在打工地形成的关系一般是弱连接，根据结构洞理论，弱连接是创业资源获得的主要途径，因此打工地创业环境影响创业资源的获得。其次，打工地创业环境影响农民工获得资源的能力，好的创业环境激发创业，形成创业氛围，能够在一定程度上提高农民工的创业能力，其中包括资源获得能力。最后，打工地创业环境越好，当地对创业资源的需求就越强，资源流向农民工打工地的概率就越小。提出假设2：

假设2：打工地创业环境对农民工创业资源获得的影响是不确定的。

打工地交通便利性、打工地基础设施、打工地创业积极性、打工地产业集聚对农民工创业资源获得的影响是不确定的。

二、变量与模型选择

针对该部分的分析，我们使用以下计量经济模型：

$$y_i = \alpha + \beta_1 age_i + \beta_2 sex + \beta_3 highschool_i + \beta_4 college_i + \beta_5 duration_i + \beta_6 mig-dis + \beta_7 mig-$$

$$\text{trans}_i + \beta_8 \text{mig-infras}_i + \beta_9 \text{mig-initiative}_i + \beta_{10} \text{mig-support}_i + \beta_{11} \text{mig-en-friends}$$

其中，y_i 分别代表不同的资源获取量，自变量同前面章节。

三、实证结果

（一）打工区位对雇工规模的影响

1. 打工地与家乡的距离的影响

如表4-1所示：①打工地与家乡的距离对雇工的规模具有正向影响，即迁移距离越远，雇工规模越大。②打工地与家乡的距离变量对雇工规模的影响系数在5%统计水平上显著（$\beta = 0.0053$，$p < 0.05$）。③假设1没有得到验证，其中可能的原因有：首先，距离家乡越远，一般打工收入水平越高，其资本水平就越高，有能力雇佣更多的工人。其次，打工地离家乡越远，信息越不对称，当地农民工排斥的力度也不大。最后，打工距离越远，选择创业行业时越倾向于基于家乡资源的农业创业，需要雇佣的劳动力就越多。

表4-1 打工地与家乡距离对雇工规模的影响

	模型	
	系数	t 值
常数项	−1.5280 （6.4572）	−0.24
age	0.1641 （0.1557）	1.05
sex	−4.6748* （2.6840）	−1.74
highschool	−0.2913 （2.9967）	−0.10
college	12.1242*** （3.6296）	3.34
duration	0.5940 （0.2811）	2.11

	模型	
	系数	t 值
mig-dis	**0. 0053** ** （**0. 0021**）	**2. 48**
F	4. 57 ***	
R²	0. 0692	
Adj R²	0. 0541	

注：在教育程度中，初中及初中以下为参照系。地形分为平原、山地和丘陵三类，平原为参照系。括号内为标准误。*** 、 ** 和 * 分别表示在 1%、5% 和 10% 水平上显著。

2. 打工地创业环境的影响

如表 4-2 所示，打工地创业环境因素中，不同的因素对雇工规模的影响不同：①除打工地交通便利性对农民工创业雇工规模有负向影响外，创业环境的其他五个变量对雇工的数量均是正向影响。②打工地交通便利性变量的影响系数在 1% 的统计水平上显著。打工地政府对创业的支持力度的系数在 1% 统计水平上显著，打工地创业朋友的个数的系数在 5% 统计水平上显著。

表 4-2　打工地创业环境对雇工规模的影响

	模型 1	模型 2	模型 3	模型 4	模型 5
常数项	17. 9814 ** （7. 3586）	0. 8434 （7. 6618）	−2. 6447 （7. 5765）	−8. 6654 （7. 3283）	−6. 4938 （7. 6565）
age	0. 1985 （0. 1536）	0. 1859 （0. 1567）	0. 1877 （0. 1564）	0. 1716 （0. 1551）	0. 2051 （0. 1561）
sex	−5. 8014 ** （2. 6602）	−4. 8333 * （2. 7067）	−4. 4582 * （2. 7224）	−3. 8234 （2. 7001）	−4. 4277 * （2. 6993）
highschool	−0. 7823 （2. 9494）	−0. 9589 （3. 0132）	−0. 7351 （3. 0091）	−0. 8083 （2. 9781）	−0. 7457 （2. 9957）
college	9. 6850 *** （3. 6327）	12. 2034 *** （3. 7027）	12. 4401 *** （3. 6705）	12. 2636 *** （3. 6204）	12. 7190 *** （3. 6564）
duration	0. 3939 （0. 2802）	0. 5654 ** （0. 2844）	0. 5410 * （0. 2827）	0. 5017 * （0. 2805）	0. 5761 ** （0. 2816）

续表

	模型 1	模型 2	模型 3	模型 4	模型 5
mig-trans	−3.3928*** (0.8594)				
mig-infras	—	0.3267 (0.9754)			
mig-initiative			1.1513 (0.9774)		
mig-support				2.7287*** (0.9513)	
mig-friends					1.9425** (0.9656)
F	6.23***	3.51***	376***	4.94***	4.20***
R^2	0.920	0.0540	0.0572	0.0743	0.0640
Adj R^2	0.0773	0.0386	0.0419	0.0593	0.0487

注：在教育程度中，初中及初中以下为参照系。地形分为平原、山地和丘陵三类，平原为参照系。括号内为标准误，***、**和*分别表示回归系数在1%、5%和10%水平上统计显著。

（二）打工区位对创业资金来源的影响

1. 打工地与家乡距离对自有资金的影响

如表4-3所示，打工距离对自有资金比例并没有显著影响。

表4-3 打工地与家乡距离对自有资金影响的回归分析结果

	Coef.	Std. Err.	t	P>|t|
常数项	67.6040***	7.5183	8.99	0.000
age	−0.0360	0.1813	−0.20	0.842
sex	1.4339	3.1250	0.46	0.647
highschool	−1.3864	3.4891	−0.40	0.691
college	−2.8701	4.2260	−0.68	0.497
duration	−0.9695***	0.3273	−2.96	0.003
mig-dis	**0.0004**	**0.0025**	**0.18**	**0.855**
F	1.63			

	Coef.	Std. Err.	t	P>｜t｜
R^2	0.0258			
Adj R^2	0.0100			

注：在教育程度中，初中及初中以下为参照系。地形分为平原、山地和丘陵三类，平原为参照系。***表示回归系数在1%水平上统计显著。

2. 打工地创业环境对自有资金的影响

如表4-4所示，对创业资金自有比率有显著影响的创业环境因素有打工地交通的便利性（$\beta = 2.3812$，$p < 0.05$）、打工地基础设施（$\beta = 2.1958$，$p < 0.05$）。

表4-4　打工地创业环境对自有资金影响的回归分析结果

	模型1	模型2	模型3	模型4	模型5
常数项	56.9203***	58.1868***	65.8571***	64.9231***	71.5044***
	(8.6101)	(8.8035)	(8.7635)	(8.5512)	(8.8840)
age	−0.0423	−0.0399	−0.0337	−0.0383	0.3148
	(0.1797)	(0.1801)	(0.1810)	(0.1810)	(0.1812)
sex	2.0723	1.6524	1.5896	1.7042	1.2382
	(3.1127)	(3.1100)	(3.1489)	(3.1507)	(3.1320)
highschool	−1.5333	−1.7316	−1.3641	−1.4104	−1.5088
	(3.4510)	(3.4622)	(3.4806)	(3.4751)	(3.4760)
college	1.2456	−1.6010	−2.7003	−2.8108	−3.1666
	(3.4510)	(4.2545)	(4.2456)	(4.2245)	(4.2426)
duration	−0.8592***	−0.9078***	−0.9789***	−0.9876***	−0.7899***
	(0.3279)	(0.3268)	(0.3270)	(3273)	(3268)
mig-trans	**2.3812****				
	(1.0056)				
mig-infras		2.1958**			
		(1.1208)			
mig-initiative			0.4835		
			(1.1306)		
mig-support				0.7490	
				(1.1101)	

续表

	模型 1	模型 2	模型 3	模型 4	模型 5
mig-friends					**-0.7899** （**1.1204**）
F	2.58**	2.28**	1.65	1.70	1.71
R^2	0.0403	0.0358	0.0262	0.0269	0.0270
Adj R^2	0.0247	0.0201	0.0104	0.0111	0.0112

注：在教育程度中，初中及初中以下为参照系。地形分为平原、山地和丘陵三类，平原为参照系。括号内为标准误。*** 和 ** 分别表示在 1% 和 5% 水平上显著。

（三）打工区位对创业借款的影响

1. 打工地与家乡距离对借款的影响

如表 4-5 所示，打工地与家乡距离并没有显著影响借款所占的比例。

表 4-5　打工地与家乡距离对借款影响的回归分析结果

	Coef.	Std. Err.	t	P>│t│
常数项	11.3568	4.8097	2.36	0.019
age	0.2344	0.1160	2.02	0.044
sex	-3.8445	1.9992	-1.92	0.055
highschool	6.4694	2.2321	2.90	0.004
college	1.6110	2.7036	0.60	0.552
duration	0.1789	0.2094	0.85	0.393
mig-dis	0.0003	0.0016	0.22	0.827
F	3.16***			
R^2	0.0489			
Adj R^2	0.0334			

注：在教育程度中，初中及初中以下为参照系。地形分为平原、山地和丘陵三类，平原为参照系。*** 表示在 1% 水平上显著。

2. 打工地环境对借款的影响

如表 4-6 所示，打工地创业环境对借款的比率没有显著影响，并且大部分系数为负，说明打工地创业环境在资源方面对创业农民工金融资源获得影响不大。

表4-6　打工地创业环境对借款影响的回归分析结果

	模型1	模型2	模型3	模型4	模型5
常数项	11.4362**	13.9768**	14.4667***	13.4841**	12.943**
	(5.5500)	(5.6571)	(5.6014)	(5.4708)	(5.6861)
age	0.2357**	0.2373**	0.2354**	0.2385**	0.2331**
	(0.1158)	(0.1157)	(0.1156)	(0.1158)	(0.1159)
sex	−3.8470*	−3.9143**	−4.0945**	−4.0360**	−3.9241**
	(2.0064)	(1.9985)	(2.0127)	(2.0157)	(2.0046)
highschool	6.4268***	6.4992***	6.3239***	6.4099***	6.4025***
	(2.2245)	(2.2248)	(2.2247)	(2.2233)	(2.2247)
college	1.6292	1.2929	1.3566	1.5608	1.4964
	(2.7399)	(2.7339)	(2.7137)	(2.7027)	(2.7155)
duration	0.1781	0.1606	0.1849	0.1856	0.1733
	(0.2113)	(0.2100)	(0.2090)	(0.2094)	(0.2091)
mig-trans	**0.0372**				
	(0.6482)				
mig-infras		−0.5337			
		(0.7202)			
mig-initiative			−0.6664		
			(0.7226)		
mig-support				−0.4670	
				(0.7102)	
mig-friends					−0.2951
					(0.7171)
F	3.15***	3.25***	3.30***	3.23***	3.18***
R^2	0.0488	0.0502	0.0510	0.0499	0.0492
Adj R^2	0.0333	0.0347	0.0355	0.0344	0.0338

注：在教育程度中，初中及初中以下为参照系。地形分为平原、山地和丘陵三类，平原为参照系。括号内为标准误。***、**和*分别表示在1%、5%和10%水平上显著。

（四）打工区位对贷款的影响

1. 打工地与家乡距离对贷款的影响

如表4-7所示，打工地与家乡距离对贷款获得并没有显著影响。

表4-7 打工地与家乡距离对贷款获得的影响

	Coef.	Std. Err.	t	P>｜t｜
常数项	9.3941	3.6387	2.58	0.010
age	0.0083	0.0877	0.10	0.924
sex	−2.7944	1.5124	1.85	0.065
highschool	−1.5789	1.6886	−0.94	0.350
college	−1.0377	2.0453	−0.51	0.612
duration	0.3312	0.1584	2.09	0.037
mig-dis	0.0000	0.0012	0.06	0.955
F	1.55			
R^2	0.0246			
Adj R^2	0.0087			

注：在教育程度中，初中及初中以下为参照系。地形分为平原、山地和丘陵三类，平原为参照系。

2. 打工地创业环境对贷款的影响

如表4-8所示，打工地创业环境对创业资金贷款比率的影响存在差别，打工地政府的支持程度负向显著影响贷款所占的比率。

表4-8 打工地创业环境对创业者贷款获得的影响的回归分析

	模型1	模型2	模型3	模型4	模型5
常数项	12.2234*** (4.1899)	12.3707*** (4.2741)	11.9026*** (4.2359)	13.6357*** (4.1198)	6.9467* (4.2964)
age	0.0107 (0.0874)	0.0104 (0.0874)	0.0082 (0.0874)	0.01449 (0.0872)	0.01386 (0.0876)
sex	−2.9623** (1.5147)	−2.8675** (1.5099)	−3.0011** (1.5220)	−3.1967** (1.5179)	−2.6717* (1.5147)
highschool	−1.5633 (1.6794)	−1.4992 (1.6809)	−1.6767 (1.6824)	−1.6279 (1.6742)	−1.5386 (1.6810)
college	−1.4518 (2.0684)	−1.4233 (2.0655)	−1.2518 (2.0521)	−1.1350 (2.0353)	−0.8386 (2.0518)
duration	0.3020** (0.1595)	0.3112** (0.1586)	0.3380** (0.1580)	0.3514** (0.1577)	0.3365** (0.1580)

续表

	模型 1	模型 2	模型 3	模型 4	模型 5
mig-trans	-0.6013 (0.4893)				
mig-infras		-0.6598 (0.5441)			
mig-initiative			-0.5735 (0.5464)		
mig-support				**-1.0440*** **(0.5348)**	
mig-friends					0.5517 (0.5418)
F	1.81	1.80	1.74	2.20**	1.76
R^2	0.0285	0.0284	0.0275	0.0425	0.0273
Adj R^2	0.0127	0.0126	0.0116	0.0345	0.0115

注：在教育程度中，初中及初中以下为参照系。地形分为平原、山地和丘陵三类，平原为参照系。括号内为标准误。***、**和*分别表示在1%、5%和10%水平上显著。

（五）打工区位对政府扶持资金的影响

1. 打工地与家乡距离对政府扶持资金的影响

如表4-9所示，打工地与家乡距离显著负向影响政府扶持资金的获得，其中可能的原因是：距离越远，回家频率越低，与当地政府、社会网络和政府扶持资源的审批者交往不多，双方信息不对称程度较大，不容易获得政府扶持资金。

表4-9 打工地与家乡距离对政府扶持资金获得的回归分析结果

	Coef.	Std. Err.	t	P>|t|
常数项	15.9520	3.1169	5.12	0.000
age	-0.2721	0.0752	-3.62	-3.62
sex	1.1093	1.2972	0.86	0.393
highschool	-4.7600	1.4465	3.29	0.001
college	-2.0151	1.7579	-1.15	0.252
duration	0.5256	0.1357	3.87	0.000

续表

	Coef.	Std. Err.	t	P>｜t｜
mig-dis	−0.0022	0.0010	−2.19	0.029
F	6.90			
R^2	0.1012			
Adj R^2	0.0865			

注：在教育程度中，初中及初中以下为参照系。地形分为平原、山地和丘陵三类，平原为参照系。

2. 打工地环境对政府扶持资金的影响

如表4-10所示，打工地创业环境因素中，交通便利性和基础设施条件显著负向影响政府扶持资金的比率，打工地创业朋友数正向影响政府扶持资金的比率，其中可能的原因在于：打工地的朋友在交流中容易获得政府扶持资金相关的信息和技术，因此提高了政府扶持资金的比率。

表4-10　打工地创业环境对获得政府扶持资金的影响回归分析

	模型1	模型2	模型3	模型4	模型5
常数项	18.2055 *** （3.6009）	18.2415 *** （3.6747）	15.4365 *** （3.6563）	14.4813 *** （3.5701）	13.8902 *** （3.7119）
age	−0.2797 *** （0.0752）	−0.2800 *** （0.0752）	−0.2828 *** （0.0755）	−0.2825 *** （0.0756）	−0.2817 *** （0.0757）
sex	0.9756 （1.3031）	1.1073 （1.2997）	1.1153 （1.3152）	1.1932 （1.3173）	1.2292 （1.3089）
highschool	−4.4604 *** （1.4431）	−4.3760 *** （1.4451）	−4.5335 *** （1.4520）	−4.4947 *** （1.4508）	−4.4847 *** （1.4512）
college	−2.5104 （1.7832）	−2.4591 （1.7825）	−2.029 （1.7770）	−1.9367 （1.7695）	−1.8978 （1.7765）
duration	0.5017 *** （0.1371）	0.5157 *** （0.1364）	0.54490 *** （0.1364）	0.5423 *** （0.1367）	0.5426 *** （0.1364）
mig-trans	−0.8371 ** （0.4205）				
mig-infras		−0.8816 * （0.4684）			

续表

	模型 1	模型 2	模型 3	模型 4	模型 5
mig-initiative			-0.2566 (0.4717)		
mig-support				-0.0361 (0.4641)	
mig-friends					0.0985 (0.4679)
F	6.76	6.68	6.08	6.03	6.04
R^2	0.0992	0.0982	0.0902	0.0895	0.0896
Adj R^2	0.0845	0.0835	0.0754	0.0747	0.0748

注：在教育程度中，初中及初中以下为参照系。地形分为平原、山地和丘陵三类，平原为参照系。括号内为标准误。 *** 、** 和 * 分别表示在 1%、5% 和 10% 水平上显著。

（六）打工地对创业技术来源的影响

1. 打工地与家乡距离对创业技术来源的影响

如表 4-11 所示，打工地与家乡距离对技术获得并没有显著影响。

表 4-11 打工地与家乡距离对创业技术来源的多项 Logit 模型分析结果

变量	家乡学习积累 vs. 打工学习积累				自己摸索学习 vs. 打工学习积累			
	RRR	Std. Err.	z	P>|z|	RRR	Std. Err.	z	P>|z|
age	1.0003	0.0174	0.02	0.986	1.0241	0.0164	1.49	0.137
sex	0.4255	0.1199	-3.03	0.002	0.7674	0.2182	-0.93	0.352
highschool	0.8277	0.2646	-0.59	0.554	1.056	0.3257	0.18	0.859
college	0.4699	0.1978	-1.79	0.073	0.6354	0.2534	-1.14	0.256
duration	0.9721	0.0287	1.59	0.111	0.9721	0.0316	-0.87	0.386
mig-dis	**1.000**	**0.0002**	**1.54**	**0.123**	**1.000**	**0.0002**	**1.71**	**0.087**
LR chi2(18)	24.99							
Prob>chi2	0.0149							
Pseudo R^2	0.0342							

注：在教育程度中，初中及初中以下为参照系。地形分为平原、山地和丘陵三类，平原为参照系。

2. 打工地环境对创业技术来源的影响

如表 4-12 所示，打工地交通的便利性每增加 1 个单位，则家乡学习对打工学习的发生比提高 25.37%，且在 5% 水平上统计显著。打工地创业朋友个数每增加 1 个单位，则家乡学习对打工学习的发生比降低 21.19%，这在一定程度上说明，返乡创业农民工的技术获得在一定程度上受到打工地创业朋友的影响。但是打工地创业环境对自我学习和打工地学习的发生比并无显著影响。

表 4-12 打工地环境对创业技术来源影响的多项 Logit 模型分析结果

变量	模型 1	模型 2	模型 3	模型 4	模型 5
家乡学习 vs. 打工学习					
age	0.9991 (0.963)	1.0002 (0.991)	1.0011 (0.947)	1.0020 (0.908)	1.0004 (0.979)
sex	0.4360 (0.003)	0.4198 (0.002)	0.4317 (0.003)	0.4182 (0.002)	0.3983 (0.001)
highschool	0.7927 (0.468)	0.7894 (0.458)	0.8134 (0.517)	0.7986 (0.480)	0.7901 (0.463)
college	0.5179 (0.126)	0.5023 (0.106	0.4791 (0.081)	0.4759 (0.057)	0.4406 (0.051)
duration	1.0542 (0.061)	1.0484 (0.090)	1.0411 (0.142)	1.0421 (0.132)	1.0388) (0.171)
mig-trans	**1.2537** **(0.022)**				
mig-infras		1.1742 (0.138)			
mig-initiative			1.1063 (0.347)		
mig-support				0.9676 (0.735)	
mig-friends					**0.7881** **(0.023)**
自学 vs. 打工地学习					
age	1.0254 (0.113)	1.0254 (0.113)	1.0254 (0.114)	1.0255 (0.115)	1.0247 (0.126)

续表

变量	模型1	模型2	模型3	模型4	模型5
sex	0.7580 (0.329)	0.7585 (0.329)	0.7554 (0.326)	0.7631 (0.345)	0.7453 (0.303)
highschool	1.0031 (0.992)	1.0053 (0.986)	1.0023 (0.994)	1.0064 (0.983)	0.9986 (0.997)
college	0.6198 (0.234)	0.6271 (0.244)	0.6305 (0.247)	0.6362 (0.255)	0.6168 (0.227)
duration	0.9679 (0.322)	0.9690 (0.333)	0.9696 (0.342)	0.9693 (0.338)	0.9696 (0.343)
mig-trans	0.9758 (0.787)				
mig-infras		0.9859 (0.889)			
mig-initiative			0.9871 (0.900)		
mig-support				1.0173 (0.864)	
mig-friends					0.9360 (0.520)
LR chi2（12）	27.35	23.55	22.05	21.19	26.23
Prob>chi2	0.0069	0.0234	0.0369	0.0477	0.0100
Pseudo R^2	0.0374	0.0322	0.0302	0.0290	0.0359

注：在教育程度中，初中及初中以下为参照系。地形分为平原、山地和丘陵三类，平原为参照系。括号内为标准误。

第二节　打工区位对创业团队建设的影响

一、文献综述与研究假设

首先，打工区位给予返乡创业农民工工作经验，这种产业经验对返乡创业农民工创业团队建构的异质性具有正向影响，并通过产业经验的异质性来推动创业企业的产品服务创新性和交易结构创新性（郭群成和郑少锋，2010）。其次，打工地与家乡的距离代表的是地理临近性，同时也代表了空间的可接近性，也代表了建构长期联系的社会网络的可能性，距离越近，交流越频繁，越有利于建立强大的社会关系网络，与打工地朋友的交往越频繁，相互之间的资源交换或人情交换越多，那么创业过程中创业团队的合伙人来自打工地朋友圈的概率就越大。最后，打工地所交往的朋友，随着距离家乡越远，数量就越少，不仅来源于家乡地的朋友随着距离的增加而减少，而且打工地的朋友也随之减少，主要原因在于地域文化、风俗习惯和观念上的差距，使交往朋友需要更多的成本，因此农民工与打工地朋友的创业合作会随着两者区位之间的距离增加而降低。因此，提出假设1：

假设1：打工地与创业地的距离负向影响农民工创业团队中来源于打工地朋友圈的概率。

打工地创业环境对农民工创业资源获得的影响大致有三个方面：首先，农民工在打工地形成的关系一般是弱连接，根据结构洞理论，弱连接是资源获得的主要途径，在资源交换的基础上，促进了打工地朋友圈具有创业动机的朋友加入农民工创业团队。其次，打工地创业环境越好，创业激励就越强，创业之间的竞争就会越强，这样会提高当地土地、劳动力和原材料的价格，为了寻求更为廉价的生产资料，打工地的创业者会寻求加入农民工的创业团队，实现创业和产业转移。最后，打工地创业环境越好，当地创业积极性越高，在本地创业就能满足创业需求，因此当地居民没有动力参与到农民工创业的团队中。因此，提出假设2：

假设2：打工地创业环境对农民工创业团队来源于打工地朋友的影响是不确定的。

二、变量与模型选择

本节建立模型探讨打工地是否有人参与到创业团队中并实际进行管理及其影

响因素，分析创业过程中打工区位社会网络对创业团队的影响及其空间机制。

$$y_i = \alpha + \beta_1 age_i + \beta_2 sex + \beta_3 highschool_i + \beta_4 college_i + \beta_5 duration_i + \beta_6 mig\text{-}dis + \beta_7 mig\text{-}$$
$$trans_i + \beta_8 mig\text{-}infras_i + \beta_9 mig\text{-}initative_i + \beta_{10} mig\text{-}support_i + \beta_{11} mig\text{-}enfriends$$

其中，y_i 表示合伙人来源于打工地或打工形成的朋友圈。自变量同前面章节。

三、实证结果

1. 打工地与家乡距离对创业团队的影响

如表4-13所示，打工地与家乡距离对创业合伙人来源于打工地并无显著影响，但是系数为负，在一定程度上表明，距离增大降低了合伙人来源于打工地的概率。

表4-13　打工地与家乡距离对合伙人来源于打工地数量的影响

	Coef.	Std. Err.	t	P>|t|
常数项	1.2606	0.7504	1.68	0.094
age	−0.0157	0.0181	−0.87	0.386
sex		0.3119	1.37	0.172
highschool	−0.3168	0.3482	−0.91	0.363
college	1.2039	0.4218	2.85	0.005
duration	0.1533	0.0326	4.69	0.000
mig-dis	−0.0002	0.0002	−1.11	0.268
F	5.95***			
R-squared	0.0882			
Adj R-squared	0.0734			

注：在教育程度中，初中及初中以下为参照系。地形分为平原、山地和丘陵三类，平原为参照系。***表示在1%水平上显著。

2. 打工地创业环境对创业团队的影响

使用线性回归模型分析合伙人来源于打工地的规模，结果如4-14所示。打工地交通便利条件和基础设施负向显著影响合伙人来源于打工地的规模，这说明，创业环境是影响创业区位的关键因素，如果打工地区位环境改善，就会降低当地人向外地投资的概率。

表4-14　打工地创业环境对合伙人来源于打工地规模的影响

	模型1	模型2	模型3	模型4	模型5
常数项	2.8288 (0.8504)	2.1151 (0.8793)	1.4132 (0.8757)	1.3076 (0.8551)	0.4285 (0.8869)
age	−0.0155 (0.0177)	−0.0162 (0.0179)	−0.0169 (0.0180)	−0.0165 (0.0181)	−0.0155 (0.0180)
sex	0.3315 (0.3074)	0.4112 (0.3106)	0.4074 (0.3146)	0.4132 (0.3150)	0.4684 (0.3126)
highschool	−0.2694 (0.3408)	−0.2529 (0.3458)	−0.2972 (0.3478)	−0.2868 (0.3475)	−0.2722 (0.3470)
college	0.9475 ** (0.4198)	1.0715 ** (0.4249)	1.1793 ** (0.4242)	1.2041 *** (0.4224)	1.2606 *** (0.4235)
duration	0.1370 *** (0.0323)	0.1482 *** (0.0326)	0.1563 *** (0.0326)	0.1565 *** (0.0327)	0.1567 *** (0.0326)
mig-trans	**−0.3820 *** (0.0993)**				
mig-infras		**−0.2372 ** (0.1119)**			
mig-initiative			−0.0818 (0.1129)		
mig-support				−0.0611 (0.1110)	
mig-friends					0.1400 (0.1118)
F	8.42 ***	6.55 ***	5.82 ***	5.78 ***	6.01 ***
R-squared	0.1205	0.0962	0.0860	0.0860	0.0891
Adj R-squared	0.1062	0.0815	0.0717	0.0711	0.0743

注：在教育程度中，初中及初中以下为参照系。地形分为平原、山地和丘陵三类，平原为参照系。括号内为标准误。*** 和 ** 分别表示在1%和5%水平上显著。

第三节　打工区位对农民工创业成长的影响

一、打工区位对农民工创业利润率的影响

(一) 研究假设

本部分探讨打工区位对创业劳动力、原材料、金融资本、技术和创业经验获得的影响，通过计量经济学模型分析打工区位网络特征、区位经济地理特征对农民工创业资源获得的影响及其空间机制，从而建立网络的规模、网络位置和区位地理特征与创业资源获得的数量关系。

首先，打工地一般是工业和服务业比较发达的地区，同时也是创业比较活跃的地区，打工地与创业区位距离越近，返乡创业农民工越容易从打工地朋友圈获得资源、学习技术和创业经验。其次，打工地距离创业区位越近，创业农民工可动用的打工区位的资源就越多，对农民工创业企业的成长就越有帮助。最后，打工区位可以作为创业农民工销售创业企业产品的市场，通过地理临近性达到了解市场、推动销售的目标。因此，提出假设1：

假设1：打工地与创业区位的距离负向影响农民工创业企业的利润率。

创业环境包括金融支持、政府政策、政府项目支持、教育与培训、研究开发转移、商业和专业基础设施、进入壁垒、有形基础设施、文化和社会规范等方面内容。从创业市场角度来看，创业环境包括进入壁垒、现有竞争者的竞争状态、替代品的威胁、购买者的还价能力、供应商的还价能力等方面。还有学者将创业环境分为城市区域的规模、工业基础、金融资源的可得性、工业专业化程度等。从政治角度来看，创业环境包括政治和经济环境、转型冲突、不健全的法律环境、政策的不稳定性、非正式约束、不发达和不规范的金融环境、文化环境等方面。我国学者结合我国的实际情况，认为创业环境包括科技环境、融资环境、人

才环境、政策法规环境、市场环境和文化环境，有的学者认为还包括自然环境、社会环境和经济环境。创业环境对创业成长具有十分重要的影响。

打工地创业环境对农民工创业企业成长的影响大致通过三个渠道：首先，在创业素养的提升方面，在创业环境比较优越的地方打工能够接触到异质性的创业行为，了解创业过程的发生，接触到创业者、潜在创业者和创业管理者的各种行为，从而提高对创业的认知以及识别创业机会、建构创业团队和获取资源的能力，从而提高返乡创业农民工的创业素养。其次，打工地创业环境有助于形成创业农民工的创业网络。打工地创业环境优越，创业者较多，在该环境打工又具有潜在创业意识的农民工都会抓住机会结交一些具有创业经验的当地朋友，通过社会交往和经验学习为未来创业打下基础，从而形成打工地的创业网络。最后，打工地政府部门与创业地政府部门之间的合作为返乡创业农民工带来较为丰富的政府资源，包括优惠的信贷、产业转移和相关补贴资金等，从而加速返乡创业农民工创业企业的成长。因此，提出假设2：

假设2：打工地创业环境正向影响返乡农民工创业利润率。

（二）模型与变量选择

利用线性回归模型分析打工区位对返乡农民工创业成长的影响机制：

$$y_i = \alpha + \beta_1 age_i + \beta_2 sex + \beta_3 highschool_i + \beta_4 college_i + \beta_5 duration_i + \beta_6 mig-dis + \beta_7 mig-trans_i + \beta_8 mig-infras_i + \beta_9 mig-initiative_i + \beta_{10} mig-support_i + \beta_{11} mig-friends$$

其中，y_i 表示农民工返乡创业企业成长指标。自变量同前面章节。

（三）实证结果

1. 打工区位与家乡距离对创业利润率的影响

如表4-15所示：①迁移距离（打工区位与创业区位的距离）对农民工创业企业的利润率具有负向影响，即打工区位与创业区位越远，农民工创业企业的利润率越低。②影响系数在1%统计水平上显著。③假设1得到验证，即打工地与家乡距离越远，利润率越低（$\beta = -0.0084$，$p < 0.01$）。

2. 打工区位创业环境对创业利润率的影响

如表4-16所示：①打工区位创业环境变量的影响系数在统计水平上都不显

著，其中打工区位交通便利性、基础设施、居民创业积极性、政府支持力度负向影响创业企业的利润率，打工区位创业朋友个数正向影响创业企业的利润率。②假设2、假设2.1、假设2.2、假设2.3、假设2.4和假设2.5没有得到验证，其中可能的原因有：打工者一般在南方工业比较发达的地方就业，当地创业环境较好，但是产业投资要求较高，所以返乡农民工的创业一般与打工区位的交集不多，因此打工区位的环境对创业者的影响较小。

表 4-15　打工区位与家乡距离对创业利润率的影响

	Coef.	Std. Err.	t	P>｜t｜
常数项	52.7799	6.2704	8.42	0.000
age	0.0924	0.1512	0.61	0.542
sex	2.6405	2.6063	1.01	0.312
highschool	−3.9342	2.9100	−1.35	0.177
college	−3.6520	3.5246	−1.04	0.301
duration	0.1365	0.2729	0.50	0.617
mig-dis	−0.0084	0.0020	−4.01	0.000
F	3.50***			
R-squared	0.0538			
Adj R-squared	0.0384			

注：在教育程度中，初中及初中以下为参照系。地形分为平原、山地和丘陵三类，平原为参照系。***表示在1%水平上显著。

表 4-16　打工区位创业环境对创业利润率的影响

	模型1	模型2	模型3	模型4	模型5
常数项	47.9808*** (7.3901)	50.2744*** (7.5323)	52.8144*** (7.4464)	51.0789*** (7.2771)	41.9171*** (7.5609)
age	0.0576 (0.1542)	0.0588 (0.1541)	0.0557 (0.1538)	0.0627 (0.1540)	0.0668 (0.1542)
sex	2.8729 (2.6716)	2.8600 (2.6609)	2.4432 (2.6756)	2.5345 (2.6813)	3.1881 (2.6656)
highschool	−2.9441 (2.9620)	−2.8497 (2.9623)	−3.1746 (2.9575)	−2.9963 (2.9573)	−2.8604 (2.9583)

续表

	模型 1	模型 2	模型 3	模型 4	模型 5
college	−3.6556 (3.6483)	−3.9359 (3.6401)	−3.9992 (3.6075)	−3.5758 (3.5951)	−3.086 (3.6108)
duration	0.1843 (0.2814)	0.1734 (0.2796)	0.2146 (0.2779)	0.2179 (0.2786)	0.2079 (0.2781)
mig-trans	−0.2595 (0.8631)				
mig-infras		−0.7872 (0.9589)			
mig-initiative			−1.4067 (0.9606)		
mig-support				−1.0702 (0.9447)	
mig-friends					1.0751 (0.9535)
F	0.80	0.90	1.15	1.00	1.00
R-squared	0.0128	0.0144	0.0183	0.0160	0.0160
Adj R-squared	−0.0032	−0.0016	0.0023	−0.0000	−0.0000

注：在教育程度中，初中及初中以下为参照系。地形分为平原、山地和丘陵三类，平原为参照系。括号内为标准误。＊＊＊表示在1%水平上显著。

二、打工区位对返乡创业农民工资产增长速度的影响

(一) 研究假设

跨地区的资源流动对于个人和机构都存在一定的风险，因此即使是农民工在打工地交往的朋友，随着距离的增加，其对投入农民工创业企业的资源缺乏监督，并且对农民工的经营过程处于监督不充分的状态。因此，在风险规避的心理作用条件下，打工地的朋友很少对农民工返乡创业进行投资。因此，随着距离的增加，投资的风险和成本增加，使打工区域对农民工返乡创业的投入减少。因此，提出假设1：

假设1：打工区位与创业区位的距离负向影响农民工创业的资产增长速度。

打工地创业环境的优劣在一定程度上影响到打工地区创业企业的发展水平。

创业环境较好的地区，一般创业活动比较活跃，在该地区打工的农民工能够在创业氛围的熏陶下，提升自己的创业能力，其中包括创业资源的获得能力和技巧，从而间接影响到其返乡后的创业资源获得能力，进而影响其资产的增长速度。因此，提出假设2：

假设2：创业环境正向影响返乡农民工创业企业的资产增长速度。

由于创业环境包括交通的便利性、基础设施、创业制度环境、创业积极性和创业的社会网络，基于假设2，我们提出5个子假设：

假设2.1：打工地交通便利性正向影响农民工创业企业资产增长速度。

假设2.2：打工地基础设施正向影响农民工创业企业资产增长速度。

假设2.3：打工地政府对创业的支持力度正向影响农民工创业企业资产增长速度。

假设2.4：打工地创业积极性正向影响农民工创业企业资产增长速度。

假设2.5：打工地同行创业朋友的个数正向影响农民工创业企业资产增长速度。

（二）变量与模型选择

利用线性回归模型分析打工区位对农民工创业企业成长的影响机制：

$$y_i = \alpha + \beta_1 age_i + \beta_2 sex + \beta_3 highschool_i + \beta_4 college_i + \beta_5 duration_i + \beta_6 mig\text{-}dis + \beta_7 mig\text{-}trans_i + \beta_8 mig\text{-}infras_i + \beta_9 mig\text{-}initative_i + \beta_{10} mig\text{-}support_i + \beta_{11} mig\text{-}friends$$

其中，y_i表示农民工返乡创业企业成长指标。自变量同前面章节。

（三）实证结果

1. 打工距离对资产增长速度的影响

如表4-17所示：①迁移距离（打工地与创业地的距离）负向影响创业企业的资产增长速度。②迁移距离的系数在统计水平上不显著。③假设2.2没有得到验证，其中可能的原因在于：首先，农民工在打工地的社会网络是建立在基于家乡的血缘和地缘关系上的网络，而与地理的距离关系不大。其次，随着地理距离的增加，农民工与打工地的社会网络在互动的频率和投入上都相对减少，社会网络资源流动性随地理距离的增加而衰减，可能给农民工所带来的资源能力有限。

最后，资源的流动性随着距离的增加，流动成本也增加，跨区位流动资源的概率较小。

表4-17　打工距离对资产增长速度的影响

	Coef.	Std. Err.	t	P>│t│
常数项	4.0607	0.3463	11.73	0.000
age	−0.0061	0.0083	−0.74	0.462
sex	0.2578	0.1439	1.79	0.074
highschool	−0.1917	0.1607	−1.19	0.234
college	−0.4142	0.1946	−2.13	0.034
duration	−0.0206	0.0150	−1.37	0.171
mig-dis	−0.0001	0.0001	−1.49	0.136
F	2.15			
R-squared	0.0338			
Adj R-squared	0.0181			

注：在教育程度中，初中及初中以下为参照系。地形分为平原、山地和丘陵三类，平原为参照系。

2. 创业环境对资产增长速度的影响

如表4-18所示：①打工区位创业环境变量中，除政府支持力度对创业资产增长速度具有负向影响外，其他变量都具有正向影响。②打工区位交通便利性、基础设施、创业积极性正向影响创业企业的资产增长速度，系数在10%统计水平上显著。打工区位创业朋友的个数正向影响创业企业的资产增长速度，系数在1%统计水平上显著。③假设2、假设2.1、假设2.2、假设2.3和假设2.5得到验证，说明返乡农民工创业的技能能够通过在打工地和创业朋友的交流中获得。

表4-18　打工地创业环境对资产增长速度的影响

	模型1	模型2	模型3	模型4	模型5
常数项	3.539 *** (0.3989)	3.5098 *** (0.4069)	3.4948 *** (0.4028)	4.2329 *** (0.3942)	3.0847 *** (0.4032)

续表

	模型1	模型2	模型3	模型4	模型5
age	−0.0071 (0.0083)	−0.0071 (0.0083)	−0.0068 (0.0083)	−0.0064 (0.0083)	−0.0051 (0.0082)
sex	0.2877* (0.1442)	0.2743* (0.1437)	0.3007** (0.1447)	0.2358** (0.1452)	0.3067** (0.1421)
highschool	−0.1749 (0.1599)	−0.1843 (0.1600)	−0.1554 (0.1599)	−0.1744 (0.1602)	−0.1551 (0.1577)
college	−0.3515* (0.1969)	−0.3545* (0.1966)	−0.3723* (0.1951)	−0.4173 (0.1947)	−0.3421* (0.1925)
duration	−0.0153 (0.0151)	−0.0166 (0.0151)	−0.0207 (0.0150)	−0.0179 (0.0150)	−0.0174 (0.0148)
mig-trans	0.0860* (0.0465)				
mig-infras		0.0963* (0.0518)			
mig-initiative			0.1031** (0.0519)		
mig-support				−0.0736 (0.0511)	
mig-friends					0.1884*** (0.0508)
F	2.35	2.36	2.44	2.12	4.12***
R−squared	0.0369	0.0370	0.0382	0.0334	0.0628
Adj R−squared	0.0212	0.0213	0.0226	0.0177	0.0476

注：在教育程度中，初中及初中以下为参照系。地形分为平原、山地和丘陵三类，平原为参照系。括号内为标准误。＊＊＊、＊＊和＊分别表示在1%、5%和10%水平上显著。

三、打工区位对返乡农民工创业销售增长速度的影响

（一）研究假设

打工区位在一定程度上影响返乡创业农民工的销售状况，这大多通过社会网络资本实现。随着打工区位与创业区位地理距离的增加，维系打工区位社会网络的成本也随之增加，加上农民工返乡创业的时间和资金的制约，打工区位的社会

网络关系随着时间的延长和空间距离的增加而衰减，从而不能为农民工创业带来更多的销售增量。因此，提出假设1：

假设1：打工区位与创业区位的地理距离负向影响农民工创业企业销售增长率。

打工区位创业环境对农民工创业企业销售增长率的影响主要有直接效应和间接效应两种。直接效应表现为：在创业环境较好的地区，创业活动也比较频繁，对资源和产品的需求量较大，由于农民工在打工区位形成了较好的社会关系，这种社会关系能够直接转变为创业企业生产商品的销售渠道，从而直接提升创业企业的销售增长率。间接效应表现为：打工区位好的创业环境催生了更多的创业活动，而农民工在该环境中打工，能够在创业氛围中学习，从而获得更多创业过程中的销售技巧，进而应用于自身的创业过程中，从而间接推动了创业企业的销售增长率。因此，提出假设2：

假设2：打工区位创业环境正向影响农民工创业企业销售增长率。

我们将打工区位再细分为交通便利性、基础设施、创业制度、当地居民创业的积极性和农民工在打工当地的社会网络关系几个维度。因此，提出以下子假设：

假设2.1：打工地交通便利性正向影响农民工创业企业销售增长率。

假设2.2：打工地基础设施正向影响农民工创业企业销售增长率。

假设2.3：打工地政府对创业的支持力度正向影响农民工创业企业销售增长率。

假设2.4：打工地创业积极性正向影响农民工创业企业销售增长率。

假设2.5：打工地同行创业朋友的个数正向影响农民工创业企业销售增长率。

（二）变量与模型选择

利用线性回归模型分析打工区位对农民工创业成长的影响机制：

$$y_i = \alpha + \beta_1 age_i + \beta_2 sex + \beta_3 highschool_i + \beta_4 college_i + \beta_5 duration_i + \beta_6 mig\text{-}dis + \beta_7 mig\text{-}trans_i + \beta_8 mig\text{-}infras_i + \beta_9 mig\text{-}initiative_i + \beta_{10} mig\text{-}support_i + \beta_{11} mig\text{-}friends$$

其中，y_i 表示农民工返乡创业企业成长指标。自变量同前面章节。

（三）实证结果

1. 打工地与家乡距离对销售增长率的影响

如表4-19所示：①迁移距离对销售增长率具有负向影响，即打工地对返乡农民工的创业影响随距离增加而减弱，其影响系数较小。②影响系数在统计水平上并不显著。③假设1没有得到验证。

表4-19　打工地与家乡距离对销售增长率的影响

	Coef.	Std. Err.	t	P>|t|
常数项	3.7748	0.3328	11.34	0.000
age	−0.0027	0.0080	−0.35	0.728
sex	0.3746	0.1383	2.71	0.007
highschool	−0.1629	0.1544	−1.05	0.292
college	−0.2699	0.1870	−1.44	0.150
duration	−0.0037	0.0144	−0.26	0.795
mig-dis	−0.0001	0.0001	−1.54	0.125
F	2.30			
R-squared	0.0361			
Adj R-squared	0.0204			

注：在教育程度中，初中及初中以下为参照系。地形分为平原、山地和丘陵三类，平原为参照系。

2. 创业环境对销售增长率的影响

如表4-20所示：①打工区位的创业环境变量都对返乡农民工创业企业销售增长率具有正向影响，即打工区位的创业环境能够提高创业企业的销售增长率。②基础设施的系数在10%统计水平上显著，创业积极性变量系数和创业朋友个数变量系数在5%统计水平上显著。③假设2.2、假设2.3和假设2.5得到验证，即打工地的基础设施条件、创业积极性和创业朋友个数显著正向影响销售增长率，尤其是打工地创业朋友的个数对销售增长率的影响效应最大。

表4-20 打工地创业环境对销售增长率的影响

	模型1	模型2	模型3	模型4	模型5
常数项	3.4008*** (0.3844)	3.2612*** (0.3912)	3.2051*** (0.3869)	3.6338*** (0.3799)	3.1371*** (0.3919)
age	−0.0037 (0.0080)	−0.0037 (0.0080)	−0.0034 (0.0079)	−0.0035 (0.0080)	−0.0024 (0.0079)
sex	0.3957*** (0.1389)	0.3902*** (0.1382)	0.4179*** (0.1390)	0.3826*** (0.1399)	0.4066*** (0.1381)
highschool	−0.1451 (0.1540)	−0.1547 (0.1538)	−0.1266 (0.1536)	−0.1428 (0.1544)	−0.1330 (0.1533)
college	−0.2289 (0.1897)	−0.2149 (0.1890)	−0.2276 (0.1874)	−0.2659 (0.1877)	−0.2249 (0.1871)
duration	0.0000 (0.0146)	0.0000 (0.0145)	−0.0038 (0.0144)	−0.0026 (0.0145)	−0.0013 (0.0144)
mig-trans	0.0544 (0.0449)				
mig-infras		**0.0882*** **(0.0498)**			
mig-initiative			**0.1043**** **(0.0499)**		
mig-support				0.0047 (0.0493)	
mig-friends					**0.1139**** **(0.0494)**
F	2.15	2.43	2.65	1.90	2.81
R-squared	0.0338	0.0381	0.0413	0.0299	0.0437
Adj R-squared	0.0224	0.0224	0.0257	0.0142	0.0281

注：在教育程度中，初中及初中以下为参照系。地形分为平原、山地和丘陵三类，平原为参照系。括号内为标准误。***、**和*分别表示在1%、5%和10%水平上显著。

四、打工区位对返乡农民工创业纯收入增长速度的影响

(一) 研究假设

纯收入是创业企业利润的一种表现形式，同时也是创业能力的一种直接体现，高的创业纯收入显示了较高的创业水平。而高的创业水平，不仅来源于创业

地区的实战训练，更需要不同地区的经验交流和市场信息。对农民工来说，其创业学习的地理区位大多集中在创业区位和打工区位，我们关注的是打工区位对其创业能力水平的影响。首先，打工区位与创业区位的距离越远，面对面的交流和默示性知识的传递越少，创业农民工从打工区位获得的创业知识随着距离的增加而减少。其次，较远的空间距离使农民工在打工区位的社会网络衰减，从而不能带来更有价值的知识和信息。最后，较远的空间距离使地域之间的差距较大，打工区位的知识对创业区位的适用性就会打折扣，从而不能带来更多的创业能力提升。因此，提出假设1：

假设1：打工区位与创业区位的距离负向影响农民工创业的纯收入增长速度。

打工区位创业环境对农民工创业能力的增长主要从两个方面来解释：一方面，农民工在打工期间不可避免地受到打工地创业氛围的影响，而好的创业环境能够形成好的创业氛围，使一个地区的创业水平较高，在这样的环境中，农民工潜移默化地通过氛围的熏陶提升自身的创业能力，从而表现为创业纯收入水平的提高；另一方面，创业环境较好的区位，创业活动较为频繁，其市场对各种物资和产品的需求较多，农民工可以销售商品给打工区位，并且利用打工区位的销售网络来销售，可以降低销售成本，提高销售量，从而提高销售的纯收入。因此，提出假设2：

假设2：打工区位创业环境正向影响农民工创业纯收入增长速度。

由于在我们的指标中，创业环境包括打工区位的交通便利性、基础设施、政府对创业的扶持力度、当地居民的创业积极性和创业农民工在打工区位的社会网络关系，因此我们提出以下子假设：

假设2.1：打工地交通便利性正向影响农民工创业纯收入增长速度。

假设2.2：打工地基础设施正向影响农民工创业纯收入增长速度。

假设2.3：打工地政府对创业的支持力度正向影响农民工创业纯收入增长速度。

假设2.4：打工地创业积极性正向影响农民工创业纯收入增长速度。

假设2.5：打工地同行创业朋友的个数正向影响农民工创业纯收入增长速度。

（二）变量与模型选择

利用线性回归模型分析打工区位对农民工创业成长的影响机制：

$$y_i = \alpha + \beta_1 age_i + \beta_2 sex + \beta_3 highschool_i + \beta_4 college_i + \beta_5 duration_i + \beta_6 mig-dis + \beta_7 mig-$$
$$trans_i + \beta_8 mig-infras_i + \beta_9 mig-initative_i + \beta_{10} mig-support_i + \beta_{11} mig-friends$$

其中，y_i 表示农民工返乡创业企业成长指标。自变量同前章节。

（三）实证结果

1. 距离对纯收入增长速度的影响

如表4-21所示：①迁移距离对农民工创业纯收入增长速度具有负向影响，即距离越大，纯收入增长速度越慢。②迁移距离的影响系数在统计水平上不显著。③假设1没有得到验证，即打工地与家乡的距离对纯收入增长速度无显著影响。

表4-21　打工地与家乡距离对纯收入增长速度的影响

	Coef.	Std. Err.	t	P>｜t｜
常数项	3.8282	0.3384	11.31	0.000
age	-0.0099	0.0081	-1.22	0.223
sex	0.4734	0.1407	3.36	0.001
highschool	-0.0538	0.1575	-0.34	0.733
college	-0.0758	0.1901	-0.40	0.690
duration	0.0055	0.0147	0.38	0.706
mig-dis	-0.0001	0.0001	-1.43	0.152
F	2.75			
R-squared	0.0430			
Adj R-squared	0.0274			

注：在教育程度中，初中及初中以下为参照系。地形分为平原、山地和丘陵三类，平原为参照系。

2. 创业环境对纯收入增长率的影响

如表4-22所示：①创业环境的所有变量对农民工创业纯收入增长速度都具

有正向影响，即打工区位创业环境越好，返乡创业农民工纯收入增长速度越快。②创业积极性变量的系数在10%统计水平上显著，基础设施变量系数和打工区位创业朋友的个数变量的影响系数在5%统计水平上显著。③假设2.2、假设2.3和假设2.5得到验证，其中影响最大的是打工地创业朋友数量（$\beta = 0.1112$，$p < 0.05$）。

表4-22　打工地创业环境对农民工创业纯收入增长率的影响

	模型1	模型2	模型3	模型4	模型5
常数项	3.4896*** (0.3913)	3.2598*** (0.3975)	3.3158*** (0.3940)	3.4120*** (0.3851)	3.2084*** (0.3985)
age	−0.0108 (0.0081)	−0.0108 (0.0081)	−0.0105 (0.0081)	−0.0110 (0.0081)	−0.0095 (0.0081)
sex	0.4923*** (0.1413)	0.4914*** (0.1404)	0.5131*** (0.1416)	0.5087*** (0.1419)	0.5051*** (0.1406)
highschool	−0.0372 (0.1572)	−0.0456 (0.1566)	−0.0181 (0.1569)	−0.0299 (0.1569)	−0.0238 (0.1564)
college	−0.0394 (0.1929)	−0.0130 (0.1919)	−0.0380 (0.1907)	−0.0654 (0.1901)	−0.0319 (0.1902)
duration	0.0090 (0.0148)	0.0096 (0.0147)	0.0055 (0.0146)	0.0052 (0.0147)	0.0078 (0.0146)
mig-trans	0.0481 (0.0459)				
mig-infras		**0.1016**** (**0.0506**)			
mig-initiative			**0.0921*** (**0.0508**)		
mig-support				0.0745 (0.0500)	
mig-friends					**0.1112**** (**0.0502**)
F (6,368)	2.59	3.10	2.97	2.78	3.25
R-squared	0.0405	0.0481	0.0461	0.0434	0.0503
Adj R-squared	0.0249	0.0325	0.0306	0.0278	0.0348

注：在教育程度中，初中及初中以下为参照系。地形分为平原、山地和丘陵三类，平原为参照系。括号内为标准误。***、**和*分别表示在1%、5%和10%水平上显著。

五、打工区位对返乡农民工创业企业雇工增长速度的影响

（一）研究假设

农民工创业企业的雇工大多来源于打工区位的附近，雇工的增长速度与创业企业规模的增长有密切关系，而创业企业的规模增长速度与创业农民工的创业能力密切相关，打工区位与创业区位的空间距离在一定程度上隔断了农民工从打工区位获得创业能力的机会，降低了他们向打工地学习的概率，从而影响了其创业企业规模扩张的速度，进一步影响了其雇工的增长速度。因此，提出假设1：

假设1：打工区位与创业区位的距离负向影响农民工创业企业雇工增长速度。

打工区位创业环境通过直接影响农民工的创业能力，直接影响其创业企业的雇工速度，也可以通过间接影响农民工创业学习，从而间接影响农民工创业能力，进而影响其创业企业雇工的增长速度。因此，提出假设2：

假设2：打工区位创业环境正向影响农民工创业企业雇工增长速度。

我们将创业环境进行分解，依据创业环境对农民工创业企业雇工增长速度的影响，提出以下子假设：

假设2.1：打工地交通便利性正向影响农民工创业企业雇工增长速度。

假设2.2：打工地基础设施正向影响农民工创业企业雇工增长速度。

假设2.3：打工地政府对创业的支持力度正向影响农民工创业企业雇工增长速度。

假设2.4：打工地创业积极性正向影响农民工创业雇工企业增长速度。

假设2.5：打工地同行创业朋友的个数正向影响农民工创业企业雇工增长速度。

（二）变量与模型选择

利用线性回归模型分析打工区位对农民工创业成长的影响机制：

$$y_i = \alpha + \beta_1 age_i + \beta_2 sex + \beta_3 highschool_i + \beta_4 college_i + \beta_5 duration_i + \beta_6 mig\text{-}dis + \beta_7 mig\text{-}$$
$$trans_i + \beta_8 mig\text{-}infras_i + \beta_9 mig\text{-}initiative_i + \beta_{10} mig\text{-}support_i + \beta_{11} mig\text{-}friends$$

其中，y_i 表示农民工返乡创业企业成长指标。自变量同前面章节。

（三）实证结果

1. 打工地与家乡距离对雇工增长速度的影响

如表 4-23 所示：①打工区位与创业区位距离负向影响农民工创业企业雇工的增长速度，即距离越远，雇工的增长速度越慢。②系数在统计水平上并不显著。③假设 1 没有得到验证。

表 4-23　打工地与家乡距离对雇工增长速度的影响

	Coef.	Std. Err.	t	P>∣t∣
常数项	3.3482	0.3782	8.85	0.000
age	−0.0046	0.0091	−0.51	0.611
sex	0.3136	0.1572	2.00	0.047
highschool	−0.0061	0.1755	−0.04	0.972
college	0.3905	0.2126	1.84	0.067
duration	0.0268	0.0164	1.63	0.104
mig-dis	−0.0001	0.0001	−1.32	0.187
F (6,369)	2.04			
R-squared	0.0320			
Adj R-squared	0.0163			

注：在教育程度中，初中及初中以下为参照系。地形分为平原、山地和丘陵三类，平原为参照系。

2. 打工地创业环境对雇工增长速度的影响

如表 4-24 所示：①打工区位交通的便利性和基础设施负向影响农民工创业企业雇工的增长速度，创业积极性、政府支持力度和创业朋友的个数正向影响农民工创业企业的雇工增长速度。②打工区位交通的便利性变量的系数在 10% 统计水平上显著，其他变量在统计水平上都不显著。③假设 2、假设 2.1、假设 2.2、假设 2.3、假设 2.4 和假设 2.5 都没有得到验证，其中可能的原因是：区域之间创业环境的差距不能通过农民工返乡进行传递的，因为返乡创业的农民工比较少，区域之间环境的影响不能通过少数的农民工返乡创业而发生很大的变化。

表4-24　打工地创业环境对返乡创业农民工雇工增长速度的影响

	模型1	模型2	模型3	模型4	模型5
常数项	3.6690***	3.2298***	3.2287***	3.0835***	3.0871***
	(0.4353)	(0.4462)	(0.4420)	(0.4312)	(0.4480)
age	−0.0050	−0.0053	−0.0053	−0.0055	−0.0050
	(0.0090)	(0.0091)	(0.0091)	(0.0091)	(0.0091)
sex	0.2935*	0.3196**	0.3197**	0.3335**	0.3268**
	(0.1574)	(0.1576)	(0.1588)	(0.1588)	(0.1579)
highschool	0.0170	0.0133	0.0133	0.0147	0.0160
	(0.1745)	(0.1754)	(0.1755)	(0.1752)	(0.1753)
college	0.3287	0.3938*	0.3940*	0.3973*	0.4054*
	(0.2149)	(0.2156)	(0.2141)	(0.2130)	(0.2139)
duration	0.0234	0.0280*	0.0280*	0.0272*	0.0283*
	(0.0165)	(0.0165)	(0.0164)	(0.0165)	(0.0164)
mig-trans	−0.0951*				
	(0.0508)				
mig-infras		−0.0002			
		(0.0568)			
mig-initiative			0.0000		
			(0.0570)		
mig-support				0.0361	
				(0.0559)	
mig-friends					0.0313
					(0.0565)
F (6,369)	2.34	1.74	1.74	1.81	1.79
R-squared	0.0366	0.0274	0.0274	0.0285	0.0283
Adj R-squared	0.0209	0.0116	0.0116	0.0127	0.0125

注：在教育程度中，初中及初中以下为参照系。地形分为平原、山地和丘陵三类，平原为参照系。括号内为标准误。***、**和*分别表示在1%、5%和10%水平上显著。

第五章　农民工返乡创业演化研究

本部分利用案例进行分析，重点分析多主体视角下，农民工返乡创业的成长阶段与演化。在该演化过程中，我们重点分析政府部门、临近创业者、社会关系和制度环境、社会环境对返乡创业农民工创业成长的影响。我们将农民工返乡创业分为随机生存型、综合发展型和混合型三种类型，分别探讨其生存和演化的内部机理。

第一节　农民工返乡创业的网络演化

一、农民工返乡创业网络

农民工返乡创业在一定程度上促使地方经济结构发生变化，同时，创业环境的演变也在一定程度上影响农民工返乡创业的演化，使其发生分类，促进其进入新的领域持续创业，或者退出创业，回归打工经济。

创业关系网络对新创企业效益具有正面促进作用（曹院平，2019），创业网络的嵌入对农民工知识获取和资源获取具有显著正向影响（庄晋财、马婧和王春燕，2015）。返乡创业农民工创业网络能力的提升，需要创业者、政府和社会共同努力，扮演不同的角色，农民工要提高社会网络构建意识，重视对网络的开发和经营投入，政府部门需要进一步优化环境，搭建网络交流平台，多方努力，支持返乡农民工构建创业网络（张秀娥、金兰和王西，2016）。

拓展网络关系获取网络资源是农民工创业企业成长的需要（庄晋财和杜娟，2014）。农民工网络能力成为其克服创业资源约束的关键（陈聪、庄晋财和程李梅，2013）。通过网络规划能力、网络建构能力和关系管理能力的提升，农民工创业实现网络化能力的螺旋式上升，是农民工创业网络化成长的基本路径。通过社会网络和产业网络的双重嵌入，有效地促进农民工返乡创业成长。同时，依据创业网络研究的前沿理论，构建以中国转型时期为背景、以创业企业的网络化成长为主线、以农民工这一特殊群体为对象的中国转型时期农民工创业企业网络化成长研究框架，可以为丰富创业理论，推动中国创业实践发展提供方法论基础（庄晋财，2011）。因此，对农民工创业网络的研究具有十分重要的意义。

二、农民工返乡创业演化路径的理论分析

本部分我们从网络建构、资源获得、企业合作以及产品创新等角度，研究农民工返乡创业企业发展与演化特征。通过分析创业网络发现，农民工返乡创业网络通常由"随机分散+固定网络+制度网络"转变，农民工创业资源的获得、创业初期的资金来源主要是亲戚朋友社会关系网络，企业发展阶段的主要资金来源是金融机构贷款和企业资金积累，正规金融机构的贷款降低了私人贷款和高息民间金融资金的成本，当然，社会网络的资金也占一部分。企业合作的主要有销地的代理和产地外销的代理，销售代理所形成的网络关系有助于获得市场信息，销售产品，巩固市场地位，为应付市场波动（主要是价格波动和需求量的波动），有能力的创业者在销地建有门店或者销售代理，形成纵向一体化。

如图5-1所示，我们将返乡农民工创业企业的演化与网络演化综合起来分析。在创业之初，创业企业与市场建立的销售连接都是松散的点之间的连接，是一种随机的状态，这种连接我们称之为弱连接形式，也就是图形中的第一个阶段（随机网络，弱连接），在这个过程中，创业企业的主要功能是生产产品和提供

劳务，而销售交由代理来完成，或者等买家来上门收购。第二个阶段是企业不仅生产，还逐渐注重销售，尤其注重与销地之间的联系，有两种形式：一种与固定的销售代理形成固定的稳定联系，只专注于满足销售代理的需求，销售代理有限购买或者销售返乡创业农民工的产品或者劳务；另一种是返乡创业农民工自己在销售地建有销售点，形成自己专属的销售代理，在满足销售自己的产品的同时，也销售附近同类经营的产品或劳务。这两种方式我们称之为强连接。第三个阶段是在销地销售代理建立的基础上，根据销售地产品和劳务的需求，在原创业的基础上进一步创业，建立深加工或拓展产品和劳务的范围，有针对性地满足市场需求，我们称之为纵向一体化，也叫正规的制度连接，因为集生产、加工和销售于一体的生产综合体，内部有统一的规章制度，我们称之为制度网络。

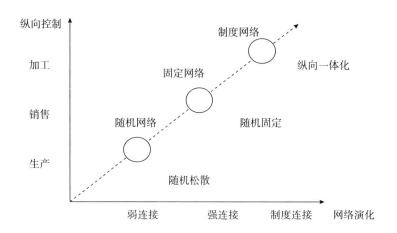

图 5-1　返乡农民工创业企业演化与网络演化

　　第一种类型是在资源约束下农民工创业的初始状态，创业仅仅限制在产品制造或者劳务供给，是一种被动地提供产品和劳务的过程，其主要原因在于市场经验、资金和技术以及人力资本都不成熟，而且社会网络和市场网络没有形成，在该过程中，创业农民工处于市场的弱势地位，没有任何控制权，被动地接受价格和数量。

第二种类型是创业经营由产品生产网络向销售和生产网络融合演变，是一种由弱连接到强连接的转变过程。在与销售代理的交往过程中，双方信息逐渐对称，关系由随机松散的弱连接逐步转变为强连接，双方的信任程度逐渐提高，关系合约得到进一步强化，返乡创业农民工实现了生产网络到销售网络的融合。另外，在信息掌握比较充分的条件下，可以在产品销售比较集中的地点自己建立销售代理，包括连锁销售店、门店和代理点等，这样就可以通过家乡地制造、销售地销售的格局使返乡创业农民工能够控制生产和销售的衔接，实现纵向一体化。

第三种类型较前两种更高级，是通过对销地需求比较集中的市场变化的把握，按照市场需求，将自身业务进行拓展的创业型企业，比如进入加工环节等，提高产品的附加值，满足更大、价值更高的市场需求。由于深加工属于农民工创业企业的组织创业内容，建立的是组织内部的制度网络，我们称之为制度网络或者纵向一体化网络。在该类型网络的演化过程中，主要创业企业内部创业行为的发生过程需要融资方、雇工和市场需求者的协商谈判。较之前两种类型，第三种类型关键在于创业资金的来源是否可以通过网络获得，是否能够雇佣到合适的人员，尤其是在偏僻的乡村，还需要考虑如何扩大市场、价格谈判和交易成本，这些对返乡创业农民工的网络提出了更高的要求。

三、农民工返乡创业网络形成的典型案例分析

农民工返乡创业总是在一定的环境内发生，环境影响其创业演化。在环境驱动下，创业农民工适应性行为导致其演化的路径不同，同时到达的环境和境界也不同（见图 5-1）。在演化过程中，我们重点分析社会资本的作用机制。社会资本直接决定返乡创业农民工创业过程中的各种资源来源，是农民工返乡创业的直接支撑，直接影响农民工创业的成长和演化过程。

在该部分中，我们同样使用案例分析方法，主要有四个典型案例，简介如下。

案例 1：袁某，男，44 岁，曾在国外打工，2015 年返乡创业，经营板材生意。

案例 2：王某，男，48 岁，曾在外地打工，2007 年返乡创业，经营板材

生意。

案例 3：王某，男，42 岁，曾在外地打工，做过饭馆生意，2007 年返乡创业，经营板材生意。

案例 4：王某，男，45 岁，曾在本地打工，2007 年返乡创业，经营机械制造生意。

这四个典型案例的主人公在地理上比较集中，与笔者是朋友关系，是笔者跟踪时间较长的研究对象，能够深入、详细了解其演化的时间节点和过程。

（一）返乡农民工创业网络的类型

第一种类型我们称之为"随机生存型创业"。在案例中，我们选择案例 1 和案例 2 来说明。案例 1 袁某，其创业是依附性的，主要原因是其姐姐家经营板材，并且姐姐家的女儿在广州设有销售分店，其不担心销售情况，但是其扩大经营规模所需要的投资在社会网络中存在的最大制约因素是资金的获取，虽然有销路，但是缺乏资金投资，没有扩大规模的投资，其收益仅仅维持在日常生存和既定规模的生产周转方面，这样造成其生产网络不能有效地扩大。

案例 2：王某，其创业带有随机性，主要是其拥有大片临近村庄的地，这种荒地为建厂提供了方便，加上能够提供一定的流动资金，所以通过社会关系筹集一定的资金，开始是为其他板材加工企业提供树木（原材料），主要是拉树生意，因为拉树生意需要资金较少，并且是现金交易，不需要垫资，而且有合伙人，两个人开车拉树，可以分担风险。

案例 2 后来经营板材加工，包括树木加工成板材、炕板等流程，也是在一定的资本积累的基础上进行基础设施的投资，购置一定的板材烘烤设备，进行板材的加工和烘烤，与单纯的从事树木交易相比，这能获取更多的加工收益。

为什么说案例 2 是"随机生存型"？首先，其创业的收益仅仅能够维持家庭的生活开销，并不能形成更多的收益积累，通过十几年的经营，在资本投资方面仅仅增加十几万元，很少能够进行更多的投资。其次，其销售网络的扩大方面，在十几年的经营过程中，无论是其树木的销售所涉及的销售主体交易网络，还是以后板材加工所涉及的板材销售网络，都无明显的扩大特征，都是建立在一定的社会关系基础上的随机型网络，即板材加工后，卖给谁都行。最后，案例2并没有在销地建立固定的销售网点，形成销地稳定的销售网络，无法控制自己本身的销售问题，属于随机寻找市场交易主体的行为。

第二种类型我们称之为"稳定发展型创业"。案例3王某，其2008年进行板材经营，一进入就是较大规模，不是从最基础的原材料提供起步，而是直接进行板材的加工和销售。其演化的时间轨迹是：2008年进行板材创业，兄弟三人形成家族企业，主要从事板材加工和烘烤行业；2008~2012年一直从事该生意的经营，并不断扩大；2012年在成都家具生产厂家比较集中的地方建立板材销售门店，由王某夫妻俩一直在成都经营至今，家中王某的两个哥哥经营板材的生产和烘烤。

之所以说其是"稳定发展型"，主要根据其生产和交易网络的特征来划分的。首先，其生产规模在不断扩大，尤其是生产的基础设施投资方面，其投资规模在逐渐扩大，目前生产规模已经达到500万元左右，场地规模达到6600多平方米，拥有4个烘烤炕，并且进行技术创新。其次，其在成都等销地建立销售门店，并且与一定的家具厂建立稳定的产销关系，从而建立稳定的销售网络，家具厂需要什么类型的板材，其就让家乡的板材厂进行生产，这在一定程度上降低了不确定性，形成了稳定的销售网络。最后，其销售网络脱离了生产地的社会关系，通过在陌生的销地市场打开市场，与需求者直接形成对接，避开了中间环节，形成一个网对网的稳定关系（见图5-2）。

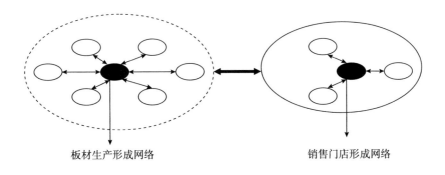

板材生产形成网络　　　　　　　　销售门店形成网络

图5-2　返乡农民工创业的家乡地生产网络与销售地销售网络的对接

第三种类型是"纵向一体化网络"。案例 3 和案例 4 都属于该种类型。

在案例 3 王某的经营过程中,2018 年在板材生产过程中加入了深加工技术——压制板材定型技术,投资约 120 万元,并且扩建了厂房。这项技术的投入关键在于将家具厂的某些生产环节纳入企业的经营过程中,实现板材生产的简单加工和深加工的纵向整合。这项技术的投入,使在成都的销售关联客户的网络规模得到很大的提升。

案例 4 是机械制造,主要是生产农机,其网络的关键是农机的私人定制,即将消费者需求的具体情况和设计的环节融合到生产制造的过程。

(二) 不同类型网络的形成机制

首先,产地生产聚集的推动。随机生存型网络的形成最主要与当地生产的聚集关系比较密切。案例 1 和案例 2 之所以返乡创业,主要是看到当地人做板材生产的生意比较赚钱,比打工强。生产聚集能够为生存型创业带来两方面的好处:一方面,生产技术和经验由于地理临近性可以无成本地获得,比如亲戚朋友形成的社会关系网络,聚集数量较多时,生产之间没有形成竞争,技术和经验也不会成为秘密;另一方面,销售关系可以共享。生产的聚集形成销售的聚集,销售关系可以共享,一家企业满足不了的需求,可以让关系网络之内的小规模生产者提供,从而共享了销售渠道。

其次,返乡创业农民工的网络建构能力。创业网络的建构需要企业家能力,在案例 3 中,其在外打工过程中就进行过一段时间的创业,具有企业家的创新能力和风险意识,能够根据市场的发展进行经营创新。其敏锐地发现,广州的市场已经饱和,在成都建立新的门店是未来的发展趋势,就毅然带着家人到成都建立门店,拓展关系,销售板材。在看到下游需要对板材进行深加工时,毅然将积累的资本和筹集来的资本都投入到生产技术创新和设备购买中,使自己企业的市场得到快速拓展,创业网络也得到拓展。

最后,返乡农民工的集体行动。由于农民工返乡创业不仅仅是个体行动,更多的是抱团生存,通过相互之间的帮扶,以及市场交易和蕴含在交易之下的社会关系形成创业网络,其内部不仅包含资金的互助、经验的传递、情感的支持等,还包括拓展市场时的相互支持。

第二节　农民工返乡创业网络演化的动力与机制

本节重点分析不同网络类型的演化特征，分析其演化的动力及内在机制，为农民工返乡创业网络的治理和规制提供决策依据。

一、农民工返乡创业网络演化的动力

（一）社会网络的内在推动力

社会网络在农民工返乡创业网络的演化过程中具有十分重要的推动作用，是创业网络的基础，同时也是创业网络演化的内在决定因素。

首先，社会网络中的强连接推动创业网络的演化。案例1袁某，其创业网络形成过程中，借用其亲戚在广州的板材门店进行销售，并且与亲戚朋友合作建厂，两家共同投资建成板材厂，通过亲戚的门店往外地销售，从而逐步扩展销售网络。案例2王某的资金网络基本是其亲戚筹借的，这些资金不需要付利息，没有成本，并且规模具有柔性，使用多少借多少，如果没有亲戚的强连接，其经营资金很难维持。

其次，社会网络中的弱连接作用。在四个案例中，社会中的弱连接主要是与原材料市场和产品销售市场密切相关，在案例1和案例2中的"随机生存型"创业网络中，其购买原材料一般是在随机市场上，同时也有稳定的来源，如果稳定来源满足不了需求，就靠弱连接的其他同行介绍原材料供应商，从而满足板材加工需求。案例3王某的"稳定发展型"网络就是通过在成都认识的家具厂老板的弱连接的机会提供，才在成都建立板材门店，并且建构起一个稳定的客户关系网络来销售自己的板材。

最后，社会网络提供的情感支持。创业网络的扩展和演化是一种风险行为，需要承担较大的失败风险，如果仅仅靠创业农民工一个人承担精神压力，会造成很大影响，尤其在创业网络拓展需要投资时，面临的风险就更大，这样造成的压力就大。社会网络也是创业的情感网络，以往创业者的创业经验和感受在创业农民工创业过程中起到很重要的情感支持作用，使返乡创业农民工有勇气进行更大规模和更具竞争优势的创业。

（二）市场变化的外在拉力

市场的变化引起农民工创业的适应性行为，从而扩大或缩小自己的创业网络来应对市场的变化。市场的变化主要包括原材料市场和最终产品市场的变化，其对农民工创业网络的演化有三方面的影响：

首先，市场变化推动农民工创业网络的拓展。尤其是地方市场的形成，使农民工创业网络的规模快速扩展。如在河南省临颍县杜南木业区，一开始就是大规模的板材收购商聚集在杜南板材厂周边，其巨大的需求使当地从事板材加工的企业规模迅速扩展，案例3王某就是在当时拓展了自己的规模，并且悄悄学习这些板材收购商将板材销往什么地方、其价格如何、利润和经营情况如何，通过这些知识在比较密集市场之间的传播，抓住了主要机会，在销地建立门店，拓展销售网络，使自己的板材商品不通过中间商而直接提供给家具厂，消除了中间环节，降低了交易成本，提高了自己的利润。

其次，市场变化创造了新的创业网络。市场变化创造了创业机会，对创业机会的把握扩大了农民工的创业网络。在案例4中，由于农机市场不再标准化生产，主要根据不同的地理需求和不同的业务需求动态调整生产的标准，定制符合个性化需求的产品，因此案例4王某紧紧抓住这个市场，盯住市场需求的变化趋势，集聚了大量的农机设计人才，通过为客户设计符合需求的农机并生产，使自己的厂子从濒临破产到焕发新的生机，客户规模逐步扩大，销售网络逐步成熟。

最后，市场主体变化使农民工返乡创业网络的节点和结构都发生变化。比如资金网络，开始对接的网络节点一般都是亲戚朋友所形成的社会关系网络中的主体，依靠社会关系或者民间金融来融资，随着生产规模的扩大，其投资所需要的资金规模不断扩大，已经超出通过亲戚朋友所能融资的规模，因此其逐渐倾向于向正规金融部门融资，通过社会关系搭桥连接到金融部门工作人员，按照资产抵押或者房产抵押的程序，从正规金融部门融资，并且建立一个稳定的联系。其中，政府部门也成为其创业网络的重要组成部分，政府部门的管理政策在创业网络中起到一个约束和调节的作用，优惠的税收政策、财政扶持政策和其他补贴政策都需要政府主体的参与才能够获得。

创业网络的结构发生变化，主要表现在两方面，如图 5-3 所示。一方面是非正式的、随机的社会关系逐渐向正规的合约式、与政府部门规制相关的有序的正式网络转变；另一方面，由关系合约逐渐向正式制度和制度合约转变。随着市场经济的发展和对企业规制的加强，农民工创业逐步由非正式的经营向市场化、制度化经营转变。

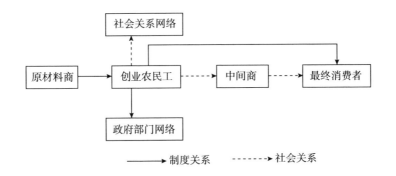

图 5-3　农民工返乡创业的网络结构的变化

二、农民工返乡创业网络演化的机制

农民工返乡创业网络的演化的内在机制主要包括环境的影响以及创业网络建构行为对环境影响的适应性行为，包括网络主体和结构变化、创业者的行为以及内部变迁的机制。

（一）演化的环境分析

1. 社会环境

农村社会是一个具有差序格局的社会关系网络，还存在一定的吸纳和排斥因素，针对返乡农民工创业，社会排斥因素在一定程度上还影响农民工的创业网络，尤其是依附于社会关系的市场交易网络。对农民工创业的社会排斥主要集中在原本在农村创业的那部分群体，其先行掌握市场交易的客户资料，新进入的农民工创业群体对其形成竞争和威胁，尤其是市场份额的竞争，这部分创业者（原先没有在外打工直接在家乡地创业群体）会隐藏一部分有价值的创业信息，使新进入创业的农民工在收集信息上花费较多的额外成本。

2. 制度环境

农民工返乡创业的制度一般包括税收制度、财政和金融扶持因素、环境规制制度等内容。制度环境对农民工返乡创业的网络演化具有三方面的影响：首先，影响创业网络的生产网络，比如环保制度。在 2017 年后，国家实行了比较严格的环境保护制度，对返乡创业农民工网络中的生产网络制约较大，拿案例 1 至案例 3 来说，其都是经营板材，其中一个环节就是板材的烤制，在烤制过程中涉及燃料问题，原来的设备都是烧炭的，造成较为严重的环境污染，所以政府部门出台规章制度，要求更换，在此过程中，返乡创业农民工的生产造成影响，第一更换设备需要资金，第二更换设备后是否满足制度要求也不确定，因此承担一定的风险，更换设备后还要有相应的人员与之适应，造成生产网络的主体和原材料来源渠道的改变，生产网络发生变化。其次，制度环境影响创业网络的结构。在制度变化过程中，创业农民工不可避免地调整自己的创业网络来应对。一方面，关键是将政府部门的有关主体纳入创业网络中，通过政府主体的参与来最大限度地适应政府制度变化；另一方面，创业农民工、当地创业者和相关的上下游公司合作建立行业协会，通过行业协会来治理地方的创业行为，行业协会作为创业网络的主体在一定程度上优化了返乡创业农民工的网络结构（见图5-4）。

3. 市场规则因素

市场规则分为正式规则和非正式规则。在一个创业比较集中的农村地区，起到很重要作用的是非正式的规则。市场规则主要对创业农民工起到约束作用，保障市场秩序的正常运行。市场规则影响返乡创业农民工与创业网络主体之间的关系，比如交易的信誉问题。如果返乡创业农民工不能很好地保障产品的质量，那么在收购商或者最终消费者的心里就会形成刻板印象，要么没有下次的交易，要么在下一次交易中对方会加大监督和检验的力度，从而增加购买方的交易成本。市场规则是创业网络的黏合剂，同时也是制约农民工创业网络规模的重要因素。

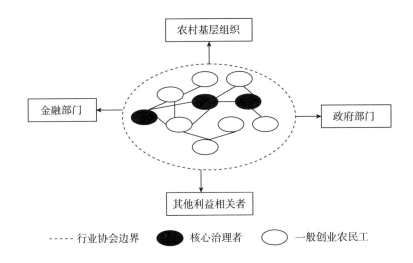

图 5-4 返乡创业农民工的网络结构

（二）农民工返乡创业网络主体的演化

农民工返乡创业的创业网络演化具有一定的层次结构，其中包括客户、资金和团队三个方面。

1. 客户网络演化

农民工的客户分为两方面：一方面是原材料来源，是供应商；另一方面是销售商，是需求方面的。这两方面的网络对农民工创业影响都十分显著。原材料网络影响生产成本和生产的可持续性。在案例1、案例2和案例3中，他们都是经营板材加工的，原木是其重要的原材料，其余包括燃料和人工。在访谈中他们表示，在原材料的获得方面，每一个创业农民工都有稳定的原木来源，都是在一些林业木材比较丰富的地区安排代理人，这些代理人负责搜寻树木并进行砍伐，其搜集的重点是满足固定的创业者的需求，比如哪一种树木、数量多少等信息，等搜集到够一车装载的情况下，就给板材加工的创业者打电话，告知数量和质量，然后将原木拉到板材加工地点进行交易。

另外，因为板材的烤制是固定规模，大概150立方米，根据设备的大小决定，并且有固定的烤制时间，大概半个月，并且为了充分使用烘烤设备，一般中间不会停歇，因此就存在当需要烤制的时候，原木加工的板材不够150立方米，这时被调研的案例就会和以往有过联系的原材料供应者随机打电话，询问有没有所需要的原木，如果有，就进行交易，或者是在固定的原木交易场所等待，无论对方是谁，只要质量和价格合适就购买，这样就形成了外围的随机交易网络。

销售网络大致与原材料网络相同，其中也包括固定核心客户和随机客户两类。固定客户是创业网络中销售网络的核心。固定客户分两类：一类是外地（销地）的中间商，其一般拥有交通工具，直接到农民工创业地进行产品收购，根据对案例1、案例2和案例3的访谈可知，其一般都有固定的销售客户，并且提前将自己的产品生产信息，包括规模和时间传递给中间商，然后中间商根据掌握的所有生产信息进行计划安排，在合适的时间到创业地进行收购。另一类是本地中间商，其与外地家具生产厂家具有稳定的购销关系，生产厂家需要什么类型的板材，由本地中间商收购成车后，统一发货；本地中间商与大部分板材加工厂都有稳定的联系，非常清楚每一个板材加工者家中所存的板材类型和数量，是下游深加工企业在集群内部的收购代理。此外，除固定客户网络外，还有一部分随机网络。当一个中间商到本地收购板材，其固定客户的数量不能装载一满车，还需要一定品种和规格的板材时，就会通过当地固定客户之间的信息网络进行信息传递，从而收购一定数量的板材，这时，不是该中间商的农民工与之交易就构成了随机交易的松散网络，即网络的外围层（见图5-5）。

2. 创业资金网络演化

（1）农民工创业资金网络的特征。农民工返乡创业资金网络对创业成功与否非常重要，其决定经营的可持续性，其演化的大致轨迹是从非正式网络到正式网络的变迁，如图5-6所示。

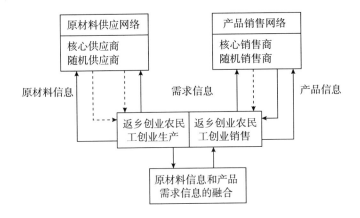

图 5-5　农民工创业客户网络的演化

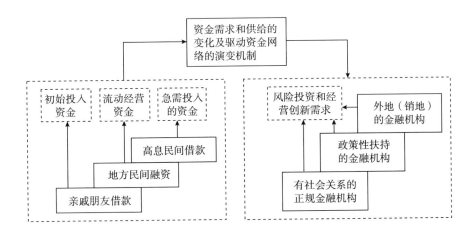

图 5-6　创业农民工资金网络的演变

一方面,非正式融资网络的演变。通过对案例 1、案例 2 和案例 3 的访谈和分析,我们发现:农民工非正式融资网络主要是通过社会网络来融资,由于农村社会关系存在差序格局,所以不同的资金需求一般会寻求不同层次的社会网络。比如,案例 2 的初始投入资金就是通过其弟弟和妻弟获得的,包括购买材料和建设基础设施的资金,固定资金和流动资金一共 150 万元左右,其中的 80%,即将近 120 万元的资金就是通过社会关系网络融资的。

另一方面，不同资金需求，创业农民工会寻求不同的网络主体来满足。当资金需求不是十分紧急，对生产和销售的影响不是十分严重时，返乡创业农民工会通过一般的社会网络来融资，其中包括赊销和预付款的方式。当资金需求紧迫时，返乡创业农民工会寻求高息借款，一般在经营比较密集的地方有一些专业的资金供应者，在访谈案例1、案例2和案例3时，这三个案例都借过高息借款，一般不用打借条，直接从高息贷款那里获得资金，利息大概一分，使用期限一般较短，需求规模较大，并且能够随时借款和随时还款，借款合约比较柔性，很少发生交易成本。

当涉及大规模投资时，比如进行固定资产改造、投入新的大型的固定资产，创业农民工通过非正式资金网络不能获得或者资金成本较高时，正规金融机构的贷款就成为其重要的选择。农民工返乡创业的正规金融网络也存在分层特征，农民工首先考虑的是具有社会关系的金融机构，比如亲戚朋友在金融部门工作，能够了解更多的贷款手续和利息率信息，省去很多比较烦琐的手续，当然这需要一定的人情投入。其次，返乡农民工会寻找本地的政策扶持银行，比如农村商业银行以及有扶持任务的贷款银行，这限于家乡地的银行，能够比较方便地沟通和交易，降低交易成本。最外层是销售地的资金融入网络，有一定的发展能力的返乡创业农民工在产品的销地建立一定的资金网络，因为有门店和注册公司，所以当地有扶持创业政策时，依托一定的社会关系就能获得。

（2）农民工创业资金网络的演化。从民间金融到正规金融机构网络的演化需要一定的演变机制，其中最主要有以下三方面：市场机制、社会网络机制和制度环境作用机制。

1）市场机制。随着创业农民工市场网络的扩大，其销售规模逐渐增加，不可避免地要扩大规模，扩大规模最初使用自己的资金或者社会网络资金，随着投资的增加，其有形资产规模扩大，企业资产价值增加，能够形成有效的抵押，在借贷市场上这些信息能够有效地被正规金融部门获得和检验，因此能够激励金融机构向创业农民工提供贷款，其实是在金融市场上资产的抵押效应。

2）社会网络机制。当农民工创业企业要扩大生产规模时，其资金需求量一般较大，这个也是通过亲戚朋友和社会网络所不能得来的，因此农民工就通过与金融机构具有一定社会关系的亲戚朋友来建立联系，通过正规金融机构来获得贷款，其实这也是社会关系融资与正规机构融资的一种融合，社会关系网络起到了抵押和担保的作用。

3）制度环境因素。为推动农民工返乡创业，一些地区在制度方面进行创新，扶持农民工返乡创业，优惠的金融政策就是其中一个重要方面。在制度环境的压力下，金融机构寻找经营潜力较大、经营状况较好的农民工返乡创业企业进行支持，同时这些企业也在寻找信贷资金，双方的有效对接推动农民工资金网络由非正式向正式转变。

第三节　农民工创业网络演化的氛围分析

农民工创业网络演化受到当地产业氛围、社会氛围和市场氛围等因素的影响，氛围的作用不同，导致演化路径和结果不同。按照不同的氛围因素，我们将其分为家庭氛围、社区氛围、区域氛围和集群氛围四个方面，下面我们分别探讨其对农民工创业网络演化的影响（见图5-7）。

一、家庭氛围对农民工创业网络的影响

农民工家庭是其返乡创业最主要的支持力量，同时也是其创业网络建构的原生力量。在案例访谈中我们发现，家庭对农民工创业网络的影响主要有以下两方面：

（一）家庭资本的共享和人力的合作分工

案例3 王某之所以能够开拓市场，主要是因为三兄弟没有分家，一起做板材生意，在网络的建构过程中，分工非常明显：大哥由于腿脚不方便，在家负责收购树木、加工、烤制和压刨等生产环节，负责生产；二哥由于妻子娘家的关系，

在家负责资金筹措、日常管理等；最小的王某带着妻子、孩子在成都开板材门店，负责产品的销售，建构销售网络。大家庭非常和谐，很少发生矛盾，即使有人做错事造成了损失，兄弟三人也会合力渡过难关，因此其创业网络发展较快。

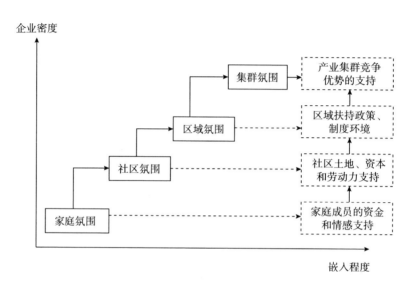

图 5-7　创业网络演化的氛围支持

（二）家庭成员的情感支持

创业有一定的压力，特别需要家庭成员的支持。情感的支持主要表现在心理契约、信任、交流和沟通三个方面。

（1）心理契约是个人有所奉献与组织欲望有所获取之间，以及组织针对个人期望收获而有所提供的一种配合。在我们的案例中，案例 3 最为典型。其兄弟三人中，大哥一直在家乡地负责生产和购买原材料等业务，由于其腿有残疾，一直没有得到有效的治疗，而且到 40 岁还没结婚，其两个兄弟在没有与大哥商量的基础上，带其到郑州某知名医院进行治疗，通过手术治愈了其腿疾，使其重新站了起来。另外，兄弟二人又拿出 30 多万元在县城给大哥买了房子，又托人给大哥找了媳妇，最终使其过上了幸福的生活。案例 3 说明，其大哥对创业网络的贡献和其所获得的最终匹配使家庭支持创业网络获得可持续性。

（2）家庭成员之间的信任关系。农民工返乡创业是一个家庭返乡的创业过程，其中家庭成员的信任关系非常重要。案例1袁某创业失败的一个关键因素就是家庭成员之间的相互不信任。其姐姐是当地最早创业的板材经销商，在返乡创业过程中，向其姐姐借款时，其姐姐明确指出，"我可以通过我在广州的板材门店给你销板，借款办厂的事情自己解决"。其关键因素是对弟弟的创业能力持不信任的态度，因此在资金方面不予支持，这样使其创业网络的扩大受到影响，并且最终经营过程中由于家庭其他不信任因素的存在，袁某最终选择退出经营，重新外出打工。

（3）家庭成员的有效沟通。创业经营不可避免地影响到家庭的收入和消费，从而影响家庭的日常生活。为了使家庭和创业能够和谐，家庭成员之间的有效交流和沟通十分重要。家庭成员的沟通能够消除家庭成员之间的信息不对称问题，使创业农民工能够全身心地动用家庭资源来开发网络，为创业服务。另外，家庭成员的有效沟通能够提高返乡农民工创业决策的质量，从而影响创业的成功率，创业成功率影响与之合作的主体，进而影响创业网络。

二、社区氛围对农民工创业网络的影响

创业在一定的社区内进行，不可避免地受到社区氛围的影响，社区对农民工创业网络的影响主要有社区支持和排斥，以及社区创业氛围等方面。

（一）社区支持和排斥

农民工返乡创业是嵌入到农村社区的创业行为，其受到的社区的影响有两方面：一方面是社区支持，另一方面是社区排斥。

社区支持主要表现在资本、土地和劳动力支持方面。资本主要是通过嵌入社区的社会网络来获得，我们已经进行了详细叙述，以下主要探讨社区在土地和劳动力供给方面对返乡创业农民工的支持。农民工返乡创业，其厂址一般在村庄内部或者附近，雇佣的大多是附近的村民，所以社区支持农民工创业的重要方面就是劳动力。比如，一个返乡创业的农民工雇用了4个60岁左右的老人跟他干活，一个月每个老人挣2500多元，因为是附近的村民，大家都比较熟悉，因此从本

村或附近村庄雇佣的劳动力不需要太多的监督。在返乡农民工工厂里打工，时间有弹性，可以照顾家庭。一般来说，家中有孩子上小学的女性容易在村庄附近工厂里打工，通常是计件工资。这些村庄内或附近村庄的打工者会进行信息交流，充分了解老板的计件工资是否公平、怎么样计量工资才好、老板的人品如何、怎样干活省事还出活等。这些在工厂打工的附近村民相互传递信息，形成了对创业农民工的印象，形成社会支持或者排斥，直接影响农民工创业企业的生产经营。在对一位附近村庄打工者的访谈过程中了解到，附近的一家工厂虽然工资较高，但是老板苛刻，人缘不好，没人愿意去他的工厂。

土地支持方面，工厂占有土地，地租反映了生产成本，此外，工厂的交通便利性十分重要，因此在主干道附近的土地就十分重要。随着建厂数量的增多，原来的地租也随着需求而增长，由原来的 800 元/亩到 1500 元/亩，土地可以租给任何人，因此能否获得合适的土地进行建厂对返乡创业农民工十分重要。土地属于社区农村居民，是否能够获得，也表现出当地居民对农民工返乡创业的支持程度。因此，在当地比较有威望的农民工总是能够获得交通便利的地方建厂，并且工厂规模较大。

社区排斥也是农民工返乡创业的一个重要方面。拿土地来说，很多人都想在交通比较便利的土地上建厂，而被排斥的农民工很难在家乡地找到适合自己创业的最佳土地建厂，只能选择在自己社会关系范围内或者自己的土地上建厂，或者在合作者土地上建厂，这在一定程度上制约了创业网络的发展。案例 1 袁某创业的土地就是自家土地，在自家土地上建厂，省去了地租，并且其父亲退休后在工厂里照看，自己能够放心外出找原材料和销售板材。

(二) 社区创业氛围

一个地区，尤其是农村地区，其创业活动水平的高低，不仅取决于地理环境和制度环境，而且很大程度取决于该社区的创业氛围，创业氛围影响创业活动自身的动态演化过程，从而影响其创业网络的演化。大量的返乡创业农民工形成"族群"，这种族群由创业者构成，这些族群的活动、当地居民对创业的认识、政府部门的支持程度等因素形成创业氛围，创业氛围是影响农民工返乡创业网络演化的重要因素。

首先，创业氛围鼓励更多的社区潜在创业者进入创业，扩大了返乡创业农民工的创业网络。比如案例3王某，其添加了对板材进行热压定型的设备，可以直接为家具厂提供板材，这种设备能够比较快速地将板材压制成定型板材，其加工规模远远超出王某自家工厂板材的规模，因此，其根据需要在附近工厂里购买板材，由于村子附近有大量从事板材加工的创业企业，因此很容易购买到需求数量的板材，从而满足板材门店销售的需求，这说明创业氛围鼓励创业，能够影响创业网络内部企业主体的个数和密度，从而能够调动更多的资源。

其次，创业氛围影响创业网络内部的交往规则。在案例3的访谈中，其提到社区内部创业网络的运作规则是许多创业者整体创造的结果，受到社区创业惯例的影响，包括资金的借贷。比如，支持创业的氛围，其资金网络的运作比较频繁和有效，对手续就要求简单有效，基于时间的竞争要求较高，同时也造成风险较高。所以，在创业氛围较高的农村社区，资金大多流向创业网络，并且借贷资金不需要签订书面合约、不需要担保人、不需要任何抵押物，一般两个人商量说明原因就可以获得借款，这使创业的资金流动非常便利，创业网络的运作效率很高。另外，创业农民工之间的产品和板材交易过程中，也是基于关系的口头合约，看中产品直接交钱，甚至没有钱也可以在口头约定的时间内进行交易，这种惯例形成于创业氛围中，并且对创业农民工的创业网络运作效率具有很强的影响。

最后，创业氛围影响创业网络的结构。返乡农民工创业网络的结构在创业氛围较浓的社区内，由于创业人员和企业的密度较高，交易的惯例和关系连接的随机性较强，其根据业务需要，随机在网络内部就能够找到合作伙伴，其中包括原材料供应、加工设备和销售渠道，这些之间的随机组合，并没有形成像企业联盟那样的治理机制，而是一种随机的、扁平化的治理模式，这样的网络结构能够快速地应对外部市场的变化，在创业氛围较浓的社区内部能够建立创业者的集体行动，使创业网络能够快速地应对市场需求的变化。

三、区域氛围对农民工创业网络的影响

区域内部创业氛围对创业网络的影响主要是创业扶持政策和制度环境，这两个要素直接影响创业网络（见图5-8）。

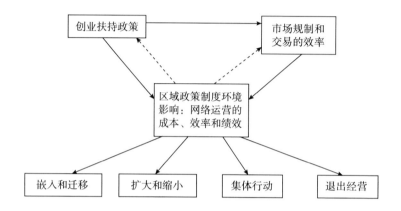

如 5-8   区域制度和政策环境对创业网络的影响

创业扶持政策的具体性和有效性对地方创业具有十分重要的影响。首先，创业扶持政策影响返乡农民工创业网络的运营成本。农民工创业网络运营的一个重要方面是地方制度的有效性，比如正规信贷资金的获得，其成本不仅仅包括利息，还包括获得贷款所支付的交易成本。在制度较为透明并且执行有效的情况下，交易成本较低，如果一个地区制度信息并不透明且执行无效，返乡农民工创业过程中花费较高，比如用地、税收、工商、卫生、用电等都会花费较高的成本。比如用电，国家规定的价格和返乡创业农民工使用的实际价格不一样，农民工用电的真实价格较高。

其次，制度环境影响返乡农民工创业的网络效率，创业网络运营的效率关键在于资源在网络中流动的效率。一个地区好的制度环境，使企业之间的交易在有效制度内进行，并且政府部门与创业农民工之间的交易也在有效制度内进行，这能够有效地促使资源在创业网络内流动。比如案例4，其在技术上的创新应该获

得的补贴，从申请到获得总共用了不到半个月时间，使企业内部的技术创新研究能够进一步开展。案例3王某，其在环保上的投入申请很快得到地方政府相关部门的批复，没有影响企业的生产。

最后，区域制度环境影响创业网络的运营绩效。返乡创业农民工创业网络的运营收益较高，比如案例3，其投入的新设备比较符合环保制度，排放量较低，能够有效地保护环境，所以申报当地的环保补贴，按照申报程序，在很短时间内得到相关部门的批准，很快拿到设备金额10%左右的补贴，得到一笔创业的额外收益。此外，地方的制度氛围较好，能够解决创业农民工与其他经济主体，包括政府部门、农村居民、基层组织发生矛盾冲突的问题，降低解决冲突的成本，缩短解决冲突的时间，降低冲突对创业行为的影响。扶持政策和制度环境对农民工创业网络的影响结果包括：农民工嵌入区域制度网络中进行创业，或者选择搬迁企业到外地发展。我们在调研中了解到一个案例，其在家乡附近租了60亩地，盖了厂房建厂，进行板材的深加工项目，制造木门。其生意较好，企业效益不错，突然当地土地所有者撕毁合约，撵走了创业农民工，经多方部门的调解不能得到解决，被迫迁移到辉县进行经营建厂，损失不小。

四、产业集群氛围对农民工创业网络的影响

农民工返乡创业集群是指基于一定产业关联的社会网络关系的集群的各行为主体，在相互信任和互动的基础上，为保证集群整体利益最大化而存在各种正式和非正式的内生性协调机制的总体。农民工返乡创业形成地理相邻的企业和机构聚集，通过相互合作交流，共生形成包容开放的产业集群，产业集群的根植性产业组织网络是介于政府和市场之间的一种产业组织，其目标的实现需要有效的纵向和横向治理机制。

就地方创业的孵化而言，集群内成功创业家正面的示范效应是促进创业意愿产生的主要因素，而个人在集群内商业网络的社会根植程度能促进潜在创业家对原所在集群的区位偏好，从而促进创业活动的本地化发展。就地方创业的成长而言，应该关注集群内组织生态结构和创业生态系统环境，以及新创企业成立后与

本地母体企业的动态组织联系。同时，地方创业主体也是产业集群的积极塑造者（符文颖，2018），是创业集群形成的最主要推动者。

创业的最终发展能够形成产业集群，在产业集群氛围内，返乡创业农民工的创业网络得到持续发展，主要表现在：首先，产业链纵向主体之间的持续协作网络的形成。在农民工返乡创业产业选择过程中，往往会选择产业链不同环节进入，避免同一环节过度进入导致的利润下降，同时也能够形成不同环节之间的相互协调。这种相互协调机制的持续形成有两种机制：一种是潜在进入的竞争机制。同一环节的创业门槛外存在很多潜在竞争者，如果不能持续提供优质服务和建立良好的合作机制，新进入的创业者就会进行替代，从而被淘汰出创业网络之外。另一种是同一环节内部不同经营者之间的竞争机制。同一环节在狭小的地理空间内部聚集，形成服务和产品供给的聚集，如果有机会主义行为发生，会造成集体的排斥，从而失去创业利润空间。其次，农民工创业网络的横向合作网络的形成和持续发展。同一产业链环节需要不同的服务供给者，其中包括横向的分工深化和横向协作网络的形成，这些分工和科研机构的加入使产业集群内的横向网络形成，农民工嵌入横向协作网络中，获得持续的资源供给和服务供给（见图5-9）。

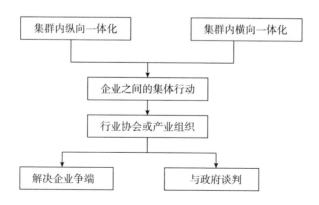

图 5-9 集群内部治理一体化

（一）集群内纵向一体化

纵向一体化主要是指集群内部地理空间上较为集中、产业具有上下游关联的创业农民工形成稳定的经济联系，通过分工提高企业的运营效率，降低创业的进入门槛，鼓励更多的创业者创业。集群内纵向一体化一般是家族式或者具有强关系的纵向一体化，这与农民工的自身特性和市场有关。农民工返乡创业本身都涵盖一定的地理因素在内，是一个乡村的地理范围内的创业，这个乡村还包含丰富的社会关系，社会关系起到黏合与调节的作用。因此，在基于返乡创业农民工形成的产业集群内部，形成纵向协作的创业网络。

（二）集群内横向一体化

集群内创业农民工通过不同产业链的横向联合，形成集群内部网络，从而实现横向一体化。地域性的中小企业集群能够释放出一种集群效应。这种集群效应既是中小企业集群存在的合理基础，也是中小企业集群不断完善的推动力。它是通过集体效率表现出来的，体现在以下三个方面：

1. 外部经济性

当一项经济活动的社会收益大于私人收益时，就存在着外部经济性。中小企业集群中的外部经济性就是德国经济学家所称的"集聚经济效应"，即因企业在地域上的集中而导致社会分工深化、企业联系加强和区域资源利用提高所产生的成本节约。集聚经济效应的便利性体现在四个方面，即接近的便利性、企业新生的便利性、创新的便刻性和社会资本形成与积累的便利性。

2. 联合行动

联合行动是指中小企业集群中厂商间为了某些共同的目标而进行有意识的合作。集群中的联合行动可用厂商间合作的数量与合作的方向两个维度来衡量。合作的厂商数量是指企业集群中进行各类合作的厂商数量之和，厂商之间既可以是两两之间的双边合作，也可以是多个厂商之间的多边合作。厂商间合作的方向是根据厂商间的合作关系建立的基础而定，在同类产品厂商之间的合作为横向合作，沿着产业链分工的厂商之间的合作为纵向合作。中小企业集群中的联合行动能提高合作厂商的技术能力、生产能力、创新能力与市场能力，能够有效地促进企业集群的成长与竞争力的提高。与中小企业集群的外部经济性相比，它是集群中行动主体之间的有意识、有目的的活动，是一种动态的、主动性的集群效应。

3. 制度效应

从整体来说，中小企业集群是介于企业与市场之间的一种新型的空间组织形态。作为一种组织形态，企业集群处在一定的制度背景之中。制度背景分为微观层面与宏观层面，前者有合约、产权等，后者有政治、社会与文化因素。集群中社会资本逐步形成与积累，集群中盛行着诚信与合作的文化氛围，它们可以统一市场、规范产品标准、推行共同商标和专项技术，使各厂商之间的合约签订与执行的交易费用较小。另外，政府在集群中作为一个重要的行动主体，通过政策制定，选择合适的厂商进驻集群、维护集群秩序，并通过特定的集群政策、形成适合有利的制度等来促进集群的发展。

农民工返乡创业的产业组织程度较低，一般是分散型的，并没有形成有效的集体行动，因此在创业集群化发展过程中，通常会形成类似行业协会的产业组织来协调集群内部的中小创业企业的行为，从而实现集群内部的理性竞争和集群外部的集体行动。在集群内部，行业协会等类似产业组织起到协调企业争端的作用，解决集群内部组织冲突问题。

第六章 农村创业可持续性研究

本部分研究基于我国农村产业集群内四个农民创业的数据，通过案例分析农民在不确定环境中创业的可持续性。与以往关注创业的经济可持续性不同，本章重点从经济、社会和环境三个维度对农村创业可持续性进行定义和考察，提出更完整的衡量创业可持续性的指标。基于案例的证据，本章创新性提出了创业的柔性、动态能力和可持续发展之间的相关关系的概念模型。研究发现：农村创业的柔性和创业者的动态能力是农村创业实现可持续发展的充要条件，两者缺一不可。在制度、技术和市场变化所造成的不确定条件下，具备较强柔性的创业者能够通过自身资源、团队和机会识别的柔性，通过提升创业的动态能力来实现可持续性生存。

农村创业作为农民对政府制度性激励的反应，由于对其认识不够和政策的非系统化、应急性和不公平性，使"返乡创业潮"的可持续发展面临着潜在的危险（田松青，2010）。政策要素、平台要素、产业培育要素、资金要素和人才要素等因素相互作用，决定了农村创业的形成过程及其成效，进而推动了当地乡村振兴的实现。从乡村振兴战略视角，充分考虑农村创业情境、经验和形成机制，才能制定出与时俱进的"三农"政策体系（张怀英，2018）。Dean 和 McMullen（2007）把可持续创业定义为发现、评估和开发因市场失灵损害可持续性而催生的商业机会的过程。Cohen 和 Winn（2007）认为，可持续创业是可持续创业者把未来产品和服务变为现实的机会识别和开发过程，最终创造的是兼顾经济、心理、社会和环境多方面利益诉求的新价值。这种新形式的创业机会所驱使的创业行为，即可持续性创业。可持续性创业的定义为"发现、创造和开发在未来能维持自然环境和公共环境并为他人创造利益的产品和服务的创业机会的行为"（Shepherd and Patzelt，2011）。企业可持续发展遵循环境友好、社会平等和经济繁荣的"三维底线"。绿色创业融合了可持续发展和商业创业的基本内涵，反映了环境与组织的互动过程，最终目标是通过机会的识别和利用创造更多的社会财富和价值（李华晶，2009）。农村创业可持续性包括经济可持续性、社会可持续性和生态可持续性三方面，缺乏任何一方面就会导致创业的不可持续性。

一、环境变化、创业柔性与动态能力

21世纪，企业竞争环境将更加复杂，竞争互动将更加强烈，竞争优势将越来越不具有可保持性，企业战略需要针对瞬息万变的环境不断进行调整（谢卫红、蓝海林和蒋峦，2001）。本章中提出的柔性概念与适应性概念类似，我们借鉴张仁华、黎志成和张金隆（2005）的研究成果，将柔性定义为从创业的根本目标出发，分析由于市场、制度和技术所造成的不确定而导致目标的变化，以及为适应这些变化创业者或创业企业所应具备的灵活性。柔性是创业者应对不确定性的能力，柔性程度与动态能力有一定的关系，我们通过案例分析，证明柔性提升动态能力，从而提升创业的可持续性水平。

（一）环境变化与环境关联性

1. 制度环境的变化

制度环境的变化使农村创业面临不确定性，关键在于影响经济的可持续性。如2017年7月，由于最严格环保制度的执行，集群内烧炕使用的传统燃料焦炭由于污染环境被严禁使用，并且限定时间进行改造，违者拆迁设备。这个属于创业外部的制度变化，直接限制了传统烤制技术的使用，使创业者面临两个选择，即要么退出，要么创新，而且创新的方向并不十分明确，也没有相应的指标供参考，需要创业者具有探索式创新能力。这种制度变迁，政府的目标在于提高生态环境质量，对于创业者，必须实施技术进步，技术进步能够提高其经济可持续性，同时由于清洁生产，也提高了创业者的生态可持续性，这也说明，由于制度的联结，经济可持续性与生态可持续性建立关联。

2. 市场的变化

市场变化主要在于需求的变化。板材有许多种，到底哪一种、在什么时间能够价格最高，对于创业者也是一种不确定性。这种不确定性的降低，在于是否形成一体化。比如，板材加工、烤制环节在集群内生产，而需求端往往在广州和成都等一些家居生产密度较大的地方，为解决市场不确定性，一些规模经营的创业者在广州和成都设立门店，在地理上与需求者接近，从而能够获得需求信息和接近客户。

3. 技术进步

在最严环保的制度下，推动技术进步。技术进步推动创业的经济和生态的可持续性。技术进步的关键在于探索式创新，由于农村创业者自己研发和改造烤制技术基本是不可能的，因此需要在市场上搜索合适的技术，并且这种技术是否有用的标准在于政府，而政府部门在制定制度过程中，并没有给出技术标准，因此技术不确定性更强，更影响创业者经营的可持续性。

在环境变化的探讨中，我们认为环境变化是相互关联的，包括制度、技术和市场变化都并不是独立的，三个维度是相互关联的。比如，农民创业是在制度约束框架内进行，并在制度允许框架或者模糊框架内适应制度，在制度范围内选择自己使用的技术，并且受到生产成本和市场的约束，如果制度不发生变化，那么农民创业者就没有进行技术创新的动力，往往会遵循生产和销售的惯性流程进行。一旦制度发生变化，比如最强环保制度，就使当前农民创业使用的技术不能满足制度的要求，比如排放和空气污染的要求，需要技术革新，在此条件下，制度和技术变革发生了关联。

技术和市场也是关联的。比如，一方面，由于消费者对环境和自身健康的需求，要求使用生态环保的材料来制造消费品，这就造成了市场需求的变化，如果农民创业者不按照市场需求变化进行技术革新，就会被淘汰；另一方面，创业者自身技术发生变革，生产一种满足更高端需求的产品，并成功打入市场，逐渐引领消费者需求的变化，也证明技术和市场是关联的。

制度和市场也是关联的。对于创业者来说，既需要满足制度的约束，也要适销对路，即适应市场，两者之间的关联主要体现在对农民工创业者的约束上，制度是强制性约束，而市场约束是一种诱致性约束，在强度不同的条件下，农民工会在满足制度约束条件下，再满足市场约束。

（二）创业过程中的柔性

柔性是灵活性的意思，是系统处理变化的能力，包括两方面：一是范围柔性，就是处理变化可供选择的空间的大小；二是转换柔性，就是从一种状态转换成另一种状态的难易程度，可以用时间和转换成本来衡量。市场需求、社会环境和环保制度环境的不断变化要求农村创业者应具备相应的应变能力，即具有相应的柔性，因而识别环境变化并设计相应的柔性与之匹配是一个十分重要的问题。

（1）资源柔性。当环境面临不确定性时，为调整创业战略，需要创业家具有足够的创业资源来支撑。因此，能够有效地获得应对环境变化所需要的资源，并且低成本，是资源柔性的一个重要手段。反过来讲，将资源退出并获得其他更高的经济效益，也是资源柔性的一个重要表现。

（2）团队柔性。一个创业团队，在面临环境不确定性时，如果靠团队成员的现场学习来实现环境应对，一方面在时间上造成创业决策的滞后性，另一方面在知识把握方面造成知识的非完全性，这两个方面都会影响创业团队应对环境不确定性的绩效。因此，如果团队能够保证足够的柔性，能够引进专业的人才，通过知识、社会网络和资源获得方面降低环境的不确定性，将有效提高创业绩效。

（3）机会柔性。环境不确定性会导致一些创业机会的经济收益、社会收益和环境收益下降，如果没有更好的机会替代，将影响创业的绩效，因此创业必须具备一定的机会柔性。机会柔性来源于创业者对市场、制度和环境变化的把握以及对创业机会的评估。

在创业过程中，柔性也是分等级的，首先是资源柔性，创业资源是基础性的约束，如果缺乏创业资源，其他的一切都没用，资源的获取和整合是农民工创业的关键因素。其次是团队柔性，团队是由人力资源构成的，只不过是更高端的创业资源，因此排在实物创业资源的前面，其更难识别和整合。最后是机会柔性，机会柔性主要体现在对市场机会的把握及对制度约束的理解和调适方面，能够找到一个更适合制度和市场的创业机会才是创业生存的关键。

（三）动态能力

动态能力包括三方面：学习能力、创新能力和复衡能力。就能力自身来说，其也分为不同等级，动态能力是一种更高阶的能力，与创业研究结合起来，我们将其分为基础的学习能力、在学习基础上的创新能力和更高端的创业复衡能力。

学习是一种知识解码、理解和应用过程的统一，是一种通过感官接触和大脑或其他工具应用的解码、理解和应用过程。在此过程中，信息源、对信息的解码和个性加工是因人而异的，因此造成不同的人具有不同的学习能力。对于创业者来说，学习能力是最基本的能力，需要不断从市场、同行和创业利益相关者那里学习。创新能力是在知识积累的基础上，找到一种效率更高或成本更低的解决问题的方法。创新与问题紧密结合起来。一种问题的解决方法很多，但是按照效率和成本会产生不同的解决方法，在原有解决方法上的更快、更有效和更经济的解决办法就是创新。复衡能力是创业者对于创业过程中可能出现的制度风险、技术风险和市场风险是否有准确的预判，做好充分的准备，并能快速适应和恢复的能力。复衡能力是学习能力和创新能力的综合运用，是一种动态能力。

二、环境变化、创业柔性、动态能力和创业绩效

（一）环境变化与创业柔性和动态能力

环境变化对农村创业的可持续性具有十分重要的影响，环境变化对农村创业提供两种约束：一种是硬约束，比如环保制度，如果创业的碳排放不符合标准，或者污染排放不能满足环保的要求，就会受到惩罚，其创业就不具有可持续性。另一种是软约束，包括社会排斥和经营利润下降，比如市场产品滞销、被当地民众和企业排挤、被社会不安全因素影响等。

环境变化对企业动态能力具有正向影响。首先，环境变化所带来的是创业经营的非平衡性，即企业经营的失衡，如当环保制度要求企业达到一定的排放标

准，需要企业安装特殊的防污染措施，这就增加了生产成本，造成企业利润下降，导致经营危机。环境变化导致失衡，创业企业为应对失衡问题，需要培育自己的失衡能力，在企业内部形成复衡能力，因此环境变化增加企业对复衡能力的内在需求，从而提升自身的复衡能力。其次，环境变化对农村创业企业的影响也十分重要。环境变化要求农村创业行为适应环境，而适应环境的最主要的动力是学习能力，企业只有提高学习能力，通过学习来提高创业行为对环境变化的适应行为，才能提高生存能力。最后，环境变化对农村创业的创新能力具有正向影响。创业环境的变化，打破原有经营的惯例，建构新的制度、市场需求和技术创新，这些变化造成企业经营行为的约束，如果企业不采取创新行为适应约束或者摆脱约束，那么企业的持续经营就会受到影响，因此，创业企业面临环境变化时，有创新的动力，提升企业的创新能力。因此，提出假设1：

假设1：农村创业环境变化对创业企业的动态能力具有正向影响。

环境变化对创业柔性具有正向影响。环境变化导致企业经营受限，需要新的业务、新的技术、新的人力资本的进入才能使创业企业持续发展，在农村创业更是如此。首先，农村创业为应对外部环境的变化，需要新的创业机会，包括新创新产品、服务和内容。其次，环境变化需要新的创业行为，因此需要新的资源投入，如果企业具有较强的资源柔性，其资源投入选择性就强，就能够更适应环境的变化。最后，当环境变化时，新的创业行为需要进入新的业务，原有的创业团队在能力和分工方面很难适应新的创业行为，因此需要建构新的创业团队。因此，提出假设2：

假设2：农村创业环境的变化对创业柔性具有正向影响。

（二）动态能力与创业柔性

创业柔性与动态能力是一种正相关关系，随着动态能力的提升，创业柔性从资源柔性到机会柔性变革。在能力上升过程中，创业柔性也随之上升，同时，随着创业柔性的调整，动态能力也得到有效提升。为什么随着能力类型的变化，柔性的类型会发生变化呢？主要有三方面的原因：首先，在创业面临不确定环境时，柔性强调的不是被动地适应不确定性，而是在可行的选择范围内，依据对环境变化的预测，主导利用变化，制定新的规则，引导变化主体和竞争者的行为，从而确立自己的创业优势。其次，利用环境变化的过程也是一个柔性逐步升级的过程，在创业过程中，资源柔性不仅反映资源的丰裕程度和可选择性，包括数量和多元性，还包括资源之间的相互关联和相互影响。创业资源柔性要与能力相结合，即挖掘新的资源和整合现有资源的能力，从而增强创业资源的柔性。最后，由学习能力、创新能力到复衡能力变化的能力在一定条件下影响创业的柔性，创业者通过学习能力提升，对自己创业过程的特点和外部环境变化具备较强的认知和较正确的判断，在此基础上建立新的创业团队（成员和合伙人），新的团队善于应对外部环境变化（如制度变迁、技术进步和市场需求变化等）带来的冲击，在对冲击正确识别的基础上，寻找更多、更好的创业机会。同时，创新能力进一步提升到复衡能力，使创业者能够正确应对外部环境的冲击，迅速适应和恢复创业进程。因此，提出假设3：

假设3：动态能力与创业柔性具有相互正向促进的作用。

（三）创业柔性与创业可持续性

首先，团队柔性与创业可持续性。Zolin、Kuckertz 和 Kautonen（2011）研究发现，具有柔性的团队在人力资源上具有互补性，通过有效的人力配置能够提升创业绩效。团队柔性包括两方面：一方面是团队在规模方面的柔性。比如，当市场范围缩小或经营规模缩小时，多余的人力资源造成团队运作的迟钝和缓慢，从而影响绩效，如果团队成员能够动态调整，降低团队运作的成本，将有效提升团队的绩效。另一方面是团队能力转换的柔性。如果创业的外部环境发生变化，需要团队成员在知识和能力上发生转变，团队成员能力转换需要转换时间和转换成本，柔性较大的团队的转换时间和转换成本都较小，因此能够有效地提升创业的可持续性。其次，资源柔性与创业可持续性。创业绩效提升的关键之一在于能否获得关键创业资源。资源柔性包括为应对创业环境的变化，创业者能否获得相匹配的资源来应对环境变化。有效的反应能够适应市场和环境变化的需求。对创业来说，关键在于资本、技术和人力三个方面的资源。这三方面的柔性直接决定创业行为的生产函数和反应能力，在创业过程中，创业者能够及时获得这些资源来从事转产、技术改造升级或提供社会服务。资源柔性包括资源获得的范围和资源使用的转换能力。最后，机会柔性与创业可持续性。机会柔性包括可获得机会信息的范围和机会识别能力。如果一个创业项目失败后，创业者能够寻找可替代的创业项目来经营，则具有较强的柔性，即可选择的范围较大。机会柔性还包括通过对创业机会的转换能力，当面临的环境，比如制度约束增强时，需要创业者进行机会开发来适应，这反映了创业者的机会柔性水平。机会柔性能够显著提升创业可持续性。因此，提出假设4：

假设4：创业柔性对创业可持续性具有正向影响。

（四）动态能力与创业可持续性

首先，农村创业的可持续性需要企业提升自己的复衡能力。可持续经营包括经济可持续性、社会可持续性和生态可持续性，在不确定环境下创业，来自不同方面的冲击都可以造成企业经营的不可持续性，当面临不确定性和风险冲击时，会造成企业经营的失衡，只有提升农村创业的复衡能力，才能实现创业的可持续性。因此，复衡能力提升对创业可持续性具有正向影响。其次，农村创业需要企业提升自己的学习能力。无论是企业层面还是企业内部成员个体的学习能力，都会提高创业可持续性：一方面，通过学习和知识积累，使企业能够正确认识外部冲击的成因和来源，并提高选择正确应对方法的概率；另一方面，当企业决策错误后，学习能力能够提升其纠错能力。最后，创新能力的提升，一方面能够给企业带来创新的垄断收益；另一方面能够给企业带来更为广阔的市场，获得规模经济和范围经济。因此，提出假设5：

假设5：创业企业的动态能力，能够提高农村创业的可持续性。

综合以上假设，我们绘制图6-1所示的理论假设图。

三、研究方法

本章采用案例研究分析农村创业的可持续性，选择四个案例，按照理论假设的建构，观察变量之间的实证关系。①实地观察和相关文件搜集。根据创业者的口述史，观察其创业过程中的外来环境变化的影响以及自己的适应性创业行为。

搜集与创业相关的政府部门的文件、措施和制度。②访谈和记录。针对所要验证的理论，按照问题进行变量编码，并依次作为访谈的主线。③二手资料，即由当地管理者提供的统计资料。

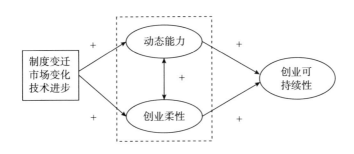

图 6-1　农村创业的可持续性内部机理

环境变化由三个变量组成：市场价格变化、环保制度变化和技术变化。市场价格的变化主要用一年内销售价格的变化率来衡量；环保制度的变化主要是一年内政府发布的环保制度以及相关部门的执行严格程度；技术变化主要是一年内在技术方面的投入水平。

动态能力由复衡能力、学习能力、创新能力衡量。

创业柔性包括：①机会识别的能力，即近五年内，有没有看到好的盈利机会？是否多？为什么没有进行创业行为？②资源获取的能力，即在你有创业想法时，您是否有足够的资金来实现该创业想法？如果没有，想怎样筹集？③团队建构的能力，即您有合伙人吗？如果有，在最近五年内有新成员加入吗？有成员退出吗？

创业可持续性我们用三方面的内容来衡量，即经济可持续性、社会可持续性和生态可持续性。经济可持续性我们使用收益的变化来衡量；社会可持续性我们用社会环境的大变化来衡量；生态可持续性我们用生态环保技术的采用来衡量。

传统企业经营的可持续性不能适应可持续发展战略的要求，一个健康的企业经营需要同时满足经济、社会和生态三方面的显著要求，要使企业在有限的资源条件下，达到三方面可持续发展，使企业整体可持续性得到满足。可持续发展是指利益相关者追求经济利益、生态利益和社会利益的和谐发展；可持续创业经营也具有相同的逻辑，需要从单纯的"商业逻辑"到"社会逻辑"和"生态逻辑"的多边逻辑，最终达到"多边的整合逻辑"。农村创业是乡村振兴的重要推动力量，需要满足乡村振兴战略的要求，既需要产业兴旺，同时也需要生态宜居，需要综合考虑经济、社会和生态三方面的可持续性。

四、实证案例分析

（一）案例研究的区位

河南省临颍县杜曲镇位于临颍县的西部，与县城毗邻，全镇辖 32 个行政村。该镇的河董、前韩、后韩、长枪王、大车张、湾陶、贾徐王、朱集 8 个行政村具有手工制作风箱、木耧、竹床、竹椅等生产生活工具的悠久历史。当前，杜曲镇是豫南最大的木材加工集散地之一，目前木业区有木业加工户 1200 多家，其中规模经营、有工商注册的 400 家，占地近 5000 亩，吸纳就业人员 2.5 万人，实现产值 42 亿元。

（二）案例的基本情况

这四个案例均与笔者有一定的社会关系，笔者对其创业过程和经营过程有一个深入的、长时间的了解。

案例 1：王某（WJW），年龄 49 岁，从事木业经营 10 余年，主要设备是炕、运输工具，有一个 1300 多平方米的经营场所，用来晒制木材，经营投资 60 万元左右，主要是夫妻经营。

案例 2：王某（WJF），年龄 38 岁，与其大哥、二哥和父母共同经营，投资 400 万元左右，经营场所面积有 1300 多平方米，厂房比较充裕，基础设施和工具较多，一个特殊的情况是其在成都市设有木材销售点，直接将木材销售给成都周边的家具厂，在成都经营的是二哥家两口子。大哥和二哥在家收木材、制板材。

案例 3：袁某（YZT），年龄 43 岁，返乡创业，接替其姐夫和弟弟的场所进行经营，与其亲戚合作生产板材，主要经营者是其和其妹夫两个人，其妹夫的亲弟弟在广州有板材销售点。

案例 4：袁某（YYW），四个人合作，建立一个木制门加工厂，投资 6000 万元，场地面积约为 4 万平方米，设备规模较大，场地交通方便。袁某此前经营板材大概 10 年，在广州和成都都有销售点。

（三）环境变化与动态能力、创业柔性

首先，对于环境变化，我们重点考察市场、制度和环境的变化，主要考察农村创业者对市场、环境和技术的变化情况（见表 6-1）。

表 6-1　市场环境的变化对动态能力和创业柔性的影响

案例编码	价格波动的幅度	价格波动对自身动态能力的影响	价格波动对创业柔性的影响
案例 1（WJW）	波动幅度较大	销售依靠亲朋好友，通过比较熟悉的销售渠道，选择合适的时机，避开价格波动的影响	当产品价格降低时，选择少进原材料、少生产的规避原则；当价格上升时，采用相反策略
案例 2（WJF）	波动幅度较大	从单纯的生产加工选择生产加工一体化，在成都建立自己的销售网点	价格降低时，选择直接销售给家具厂，价格升高时，加大投入生产
案例 3（YZT）	波动幅度较大	与亲戚合作，在广东、成都开设销售网点，避开价格波动	当价格降低时，囤积板材，不影响销售，当价格升高时销售
案例 4（YYW）	波动幅度较大	进行板材的深加工，降低板材价格波动的影响	开展新的创业行为，组建新的团队，投入新的经营

从访谈内容我们可以观察到，农村创业可以分为四种：第一种是规模最小的、维持家庭基本生计的生存型创业，比如案例 1。该种创业者可持续性最差，我们称之为"小规模生计型"。当面临外部冲击时，这部分创业者并没有太多的动态能力增强和创业柔性，更多的是选择退出创业这种生计或者持少投入、少冒险、多观望的态度。

第二种是独立经营，但是其资源柔性较强，能够在一定程度上利用资源来改变现状，从而维持经营的持续性，如案例 2。当面临外部市场冲击时，其创业团队向上游和下游选择纵向一体化，从而提升自己的复衡能力，避开产品和原材料市场价格的冲击；同时，选择投入设备，扩大产品的范围，从而提高自身的经济可持续性。所以，我们将第二种农村创业行为称为"纵向整合型"，市场环境的变化使其动态能力提升。第二种创业经营者的创业柔性较强，关键不仅仅在于其资源柔性，即通过兄弟和其他社会资本获得，保障经营转型和创业行为的资源基础，而且其选择在产品销售地建立销售网点，能够识别更多的创业机会，并且构建更为有效的社会网络，其机会柔性、资源柔性和团队柔性都得到增强。

第三种是联合经营型，如案例3，通过与在外地销售板材的亲戚朋友结成联盟，来应对市场价格波动的外部冲击。该创业类型随着外部市场冲击的加强，通过结成联盟形成复衡能力，并通过引进新设备和新技术，学习能力和创新能力得到一定增强。在创业柔性方面，该种类型能够建立基于关系的契约，能够较快销售自己的产品，在资源和机会方面有较强的柔性，其创业团队较为稳定。

第四种是产业链发展型，如案例4。该种创业类型动态能力较强，能够通过纵向扩展和横向扩展来提高企业的经营能力，其创业的复衡能力较强。该种创业类型的学习能力和创新能力较强，能够通过学习和创新找到市场机会和克服市场冲击的方法。该种创业类型的柔性较强。其产业链纵向延伸和横向扩展都需要建构新的团队，团队柔性较强；其通过对市场产业链的纵向延伸和横向扩展，来识别更多的创业机会，机会柔性较强。通过控制产业链，其能够控制较强的资源，资源柔性较强。

其次，环保制度的变化对动态能力、创业柔性的影响（见表6-2）。

表6-2　环保制度的变化对动态能力和创业柔性的影响

案例编码	环保制度影响	环保制度对动态能力的影响	环保制度对创业柔性的影响
案例1 （WJW）	影响较大	由于最严环保制度，复衡能力、学习能力和创新能力都处于弱势，选择停产	没有更好的机会进行创业，也没有创业团队和资源进入
案例2 （WJF）	影响较大	引进新设备、新技术，达到环保的要求和标准	资源柔性发挥重要作用，团队和机会柔性作用较小
案例3 （YZT）	影响较小	改进技术，使用新的设备，规避政府的限制和约束，持续经营	进行流程的改造和设备的更新，资源柔性得到改善
案例4 （YYW）	影响较小	改进技术，引入新的设备，减少污染排放量，满足政府要求	进入新的行业，对板材进行深加工，建构新团队

针对案例1：其缺乏资本进行环保技术和设备的投入，复衡性较差，由于对产业链上下游不了解，没有建构网络，其动态能力在环保压力下，受到资源和机会约束，不能进行有效的提升，进而选择退出经营。

针对案例2：其能够筹集资源进行设备改造，经营能够不受到环境保护制度的冲击进行生产，复衡能力较强，学习能力和创新能力得到提升。

针对案例3：其能够通过社会网络获得资源，进行设备改造，提升自身经营的复衡性，同时随着设备的投入和技术的提高，其自身学习能力和创新能力得到提升。

针对案例4：其通过对产业链的把握，选择产业链上下游经营，控制产业链，复衡能力较强；并通过社会关系增强资源获得能力，通过设备更新和技术创新，避开环保制度约束的产业链经营环节，能够有效地应对环保制度的冲击。此外，其学习能力和创新能力较强，能够快速掌握应对市场的方式。

最后，技术变化对动态能力创业柔性的影响（见表6-3）。

表6-3　技术变化对动态能力和创业柔性的影响

案例编码	技术变化的进展	技术变化对动态能力的影响	技术变化对创业柔性的影响
案例1（WJW）	技术进展较大	技术变化并没有影响动态能力，企业退出经营，复衡能力、学习能力和创新能力都没有变化	缺乏采用技术和设备的资源和人力，创业柔性没有任何变化，选择退出经营
案例2（WJF）	技术进展较大	采用新的技术和设备，并且按照政府的要求改造自己的生产设备	资源柔性得到充分发展，但是创业团队没有变化，产品品种和类型并没有变化
案例3（YZT）	技术进展较大	改进了设备，学习了新技术，使企业持续经营，但成本增加	创业机会识别和团队都没有变化，资源柔性得到充分发展
案例4（YYW）	技术进展较大	不仅改进了设备，通过对市场的观察，进入深加工和板材销售行业，建立完善的产业链	资源柔性通过团队建构进行完成，通过团队进行产业链延伸和建构

针对案例1：在许多场景中，技术和设备是密切相连的，案例1作为生计型创业，其没有更多的闲置和剩余资源来购置设备，当然没有获得技术和学习技术的能力，因此其不能通过购置设备来获得技术，当面临技术革新时，只有选择传

统和原始技术应对，生产效率不高，并且缺乏复衡能力、学习和创新能力较弱。

针对案例2：其能够通过利润剩余的积累，来购置更多的设备和技术，并且能够跟踪最新的技术和设备，从而获得技术创新和设备，提高自身的复衡能力，学习能力和创新能力。

针对案例3：其通过社会资本获得资源，创新设备，获得技术，从而有效地进行了技术创新，提升了企业经营的复衡能力，学习能力和创新能力有所增强。

针对案例4：当面临技术变化时，能够冷静思考，选择产业链利润最高的环节进行创业，既进行了技术创新，又提高了企业利润。因此，技术变迁提升了企业的动态能力。

（四）动态能力、创业柔性与创业可持续性

首先，动态能力对创业可持续性的影响（见表6-4）。

表6-4　动态能力对创业可持续性的影响

案例编码	动态能力对经济可持续性影响	动态能力对社会可持续性影响	动态能力对生态可持续性影响
案例1（WJW）	动态能力缺乏，经济可持续性不足	动态能力缺乏，没有社会可持续性	设备和技术没有更新，生态环境污染并没有改善
案例2（WJF）	动态能力得到提升，面临制度和技术约束时，及时进行设备和销售方面的更新，经济利润下降	通过扩大规模、引进新的设备，从而雇佣更多的劳动力，增加就业	通过改善设备、学习和引用新技术，降低对环境的污染程度，生态可持续性得到加强
案例3（YZT）	动态能力得到提升，持续经营得到维护，但成本上升，经济利润下降	技术创新和技术学习能力的提升，推动地方经济发展，雇佣更多的劳动力	技术改善减少排污量，维持生态的可持续性
案例4（YYW）	动态能力得到提升，通过纵向和横向的业务扩展，经济可持续性较强	雇佣更多的劳动力和推动地方经济发展	通过学习和技术创新，降低污染排放

针对案例1：动态能力缺乏，创业的可持续性较差，基本不具备经济、社会和生态的可持续性。

针对案例2：动态能力较强，创业的可持续性较强，能够维持经济可持续性，生态可持续性较强。

针对案例3：动态能力较强，创业经济可持续性较强，生态可持续性和社会经济性较强。

针对案例4：动态能力较强，创业的经济可持续性、生态可持续性和社会可持续性最强。

其次，创业柔性对创业可持续性的影响（见表6-5）。

表6-5　创业柔性对创业可持续性的影响

案例编码	创业柔性对经济可持续性影响	创业柔性对社会可持续性影响	创业柔性对生态可持续性影响
案例1（WJW）	缺乏新的创业柔性，当面临变化时，选择退出经营	没有创业行为，对社会可持续性没有影响	对生态可持续性没有影响
案例2（WJF）	具有相对柔性，能够向产业链上游进行创业，降低市场风险的冲击	通过创业行为，能够雇佣更多的劳动力，推动地方经济发展，提高就业率	通过改善设备和技术，降低企业的排污量，保护生态环境的安全
案例3（YZT）	创业具有一定柔性，能够改善设备，但成本增加，相对降低经济可持续性	通过延伸产业链，不仅推动自身企业的发展，同时推动销售地区区域经济的发展	改进设备和技术，降低污染，生态可持续性增强
案例4（YYW）	创业柔性强，显著提升自身的经济可持续性	创业柔性强，在一定程度上雇佣更多的当地劳动力，推动地方经济发展	具备能力改善设备，降低对环境的污染

针对案例1：缺乏柔性，创业可持续性较差，当面临危机冲击时，所选择的策略只有退出经营或者延迟经营，等待市场形势转好时再参与经营。

针对案例2：具有较强创业柔性，主要成因在于资源柔性较强。其创业柔性关键在机会识别上，能够找到产业链合适的环节进入并持续经营，使自己初始经营（板材生产）更具可持续性。

针对案例3：具有一定的创业柔性，其柔性来源于社会资本帮助解决外在冲击，但是这种柔性带有一定的不确定性。

针对案例4：创业柔性最强，可持续性最强。

经济绩效的主要构成是成本和价格，此外是经营规模。经济绩效直接与风险相关。板材经营的风险主要来源于市场风险和成本风险：市场风险包括价格风险和销售风险，夫妻俩（团队成员）对于这些风险都评估不准；成本风险是指购买原材料的价格评估不足，如果价格过高，就会使经济利润受损。

案例1：夫妻二人经营，组成团队，内部分工非常明晰，男方从事体力劳动，女方记账、算账和从事一些劳动强度不大的工作，一直经营12年之久，团队一直没变，团队缺乏柔性。其经济利润获得关键在于对风险的承担方面，团队内部成员在资源获得、机会识别和风险承担方面存在一定的制约，比如在投资决策方面，在信息收集、信息加工方面，双方不具备互补性，依靠外部信息和模仿别人都具有不可靠性，这样就造成一些高利润创业机会的丧失，导致经济可持续性较差。

案例2：其团队成员为具有血缘关系的兄弟，一开始经营木材加工，并不具有销售环节。其三弟具有商业头脑，兄弟们商量，让三弟在成都开一个销售门店，专门负责经营，这样使自己板材销售渠道畅通，成本降低。大哥在家负责生产，二弟负责到外面收购木材。这样在创业团队内部形成一个纵向整合，有力地保障创业的可持续性，提高了经济绩效，近几年规模快速扩大，经营利润都持续投入到新的项目创业中。

案例3：其创业团队具有较强的柔性，主体有袁某和其妹夫王某两个人。生产支撑和销售支撑方面，袁某的姐姐和姐夫在广州的销售点，王某的兄弟在广州和成都的销售点，还有经验丰富的生产网络的支撑。家庭成员的劳动力的提供使其创业团队具有较强的柔性，经济绩效发展较快。

案例4：袁某，属于机会型，创业团队具有较大的柔性，当需要资金时，团队成员就会寻找具有资金并且有创业意愿的人进行游说，推动合作；当需要技术时，团队就会寻找具有一定技术的人员加入团队，合作的方式多样，但是团队的核心变化不大，一直由四个人组成。

再次，资源柔性对经济绩效的影响。

当面临市场不确定性时，需要新的创业资源进入来应对市场不确定性才能提升经济可持续性。因此，资源柔性能够显著提升经济绩效。

案例1：资源柔性较差，当原材料下降较大时，其缺乏资金购买更多的原材料来获得收益；当板材价格上涨时，由于资金约束，其囤积较少的板材，无法获得价格上涨的收益。当市场价格波动较大时，由于担心市场风险，案例1就停止经营，观察市场行情，当市场行情较好时，才投入经营，因此在利润时机的把握和风险承担上受到资源的约束，无法获得更高的经济绩效。

案例2和案例3：处于资源柔性中间层，资源柔性较强，能够承担其创业的资本需求，同时能够保障其沿产业链向下游环节延伸，在一定程度上规避了产品市场的冲击。

案例4：处于产业链的顶端层，其在价格与选择方面存在较强的控制权，并且能够控制较多的资源，从而提升经济可持续性。

最后，机会柔性对经济可持续性的影响。

制度变化为创业提供了机会和约束并存的环境（苏郁锋、吴能全和周翔，2017）。机会并不是均匀分配于市场中，而是随机非均匀地分布于市场中，需要具有非常强的机会识别能力并且具有一定的运气才能获得，因此具有应对机会变化能力的创业者，其获得较高经济利润的机会的概率就大，从而增加经济可持续性。

案例3的机会柔性较强，主要表现在其对市场判断方面的能力。当其他都在生产普通板材时，其二弟就瞄准了热压板，并筹资购买设备，引进热压技术，将普通板材加工成热压板材，从而提高售价，增加经济收益。当面临销售不确定性增强时，在成都投资建立一个销售点，利用销售点来抛开中间商，进而降低销售的不确定性和压价的可能性，进而提升了经济绩效。案例1的机会柔性最弱，关键在于其对风险的态度和对机会的识别能力，在访谈中创业者认为，他们从事的是小本买卖，一旦亏了就很难翻身，所以对待新的创业机会，尝试的可能性较小，只有很有把握的生意才投入。机会柔性也受到规模的影响，当规模较大时，其机会柔性反而小，因此案例4虽然经营规模大，但是其投入成本也较大，转型和跨入新的行业经营就比较困难，而对于较小的利润机会，对其来说又不值得投入，因此其机会柔性对经济可持续性的影响不太大。

强制性制度变迁类型为主导的生态保护制度给具有一定生态环境污染的板材加工业带来冲击，要求该地区板材加工业企业进行改造，主要是将其老式的烧焦炭的炕改成环保类型，并且没有提供确定的指标和技术改造方案，需要企业主自我探索。在此背景下，不同的创业者有不同的柔性。案例1在摸索过程中发现，如果按照最高、最生态的技术改造，投资是不可能的，因此选择了停业，等待时机再创业。案例 2 和案例 3 都选择了技术改造方案。案例 4 选择了生态环保方案。在案例 2 和案例 3 的技术改造过程中，柔性不同，生态绩效也不一样。

五、政策建议

农民工返乡创业成长是对外部环境变迁的动态适应过程，需要建立集动态能力、柔性创业和基于绩效的评价机制于一体的适应性能力，通过对自身能力调整、资源调整和技术调整，建立应对外部制度、技术和市场变化的应对机制，从而提升自身的创业绩效。

第一，建立基于创业应对的动态能力，推动集群内建立多元的创业发生机制。传统的创业理论认为，创业是一个过程，是一个基于机会识别、资源整合和团队建构的过程，这三者都处于一个多变的市场、技术和制度环境中，外部环境的变化总会引起创业内部不同结构的局部调整，从而达到应对外部环境变化的目的，因此这个创业应对是一个动态的过程，需要动态能力。针对农村产业集群，集群内的创业群体是多元的，有生计型，也有发展型，当面临市场、制度和技术的冲击时，不同类型创业者的适应性反应是不一样的，这样也造成了可持续性的差异。如何协调和平衡异质性的创业者之间不同的制度需求，是我国农村产业集群可持续发展的关键。

第二，要建立一个柔性创业体系，对产业集群内创业采取柔性扶持政策。柔性创业体系是根据制度、市场和技术的变化，采取有序的新的进入和退出行为，使创业行为不会显得僵硬，而是具有相对的柔性。在农民工建立柔性创业体系的过程中，政府部门起到重要的作用：一方面，政府是制度变迁的主要推动者，在推动制度变迁时，政府应该首先考虑创业者如何应对，其应对过程中需要哪些技术、资源和应对策略，从而有针对性地进行供给，而不能将制度调整的整个成本全部让创业农民工负担；另一方面，在出台规制制度时，应提供可供选择的配套解决方案，从而使制度变迁具有可接受性和可执行性。产业集群内创业主体，其成长演化过程是随着制度变化而变化的，并且需要与技术进步相匹配，严格的环境规制制度需要较高的技术水平与之匹配，如果仅有制度变迁而没有相关配套的技术变迁，或者通过农民工创业的自发技术变迁来与制度变迁相适应，所造成的成本损失是额外的。

第三，要建立一个创业者、制度变迁的建构者和当地社会基层的有效沟通机制，在集群内部建立适应性制度变迁机制，就制度的产生和演变过程进行有效的沟通，减少实施过程中的矛盾和冲突。首先，加强政府部门与创业者之间的直接沟通，在出台一定规制政策之前，要充分调研制度改革所涉及的利益相关者，详细分析政策改革前后其成本和收益的变化、制度改革对利益相关者直接利益和间接利益的影响，以及利益相关者对制度改革的意愿和诉求，避免制度改革造成更大的冲突和损失。其次，要建立一个创业者的利益诉求渠道，比如在创业集群内部设立返乡农民工创业者协会，通过协会来搜集和完善创业者对制度改革的诉求，并通过他们的集体行动来争取对自己有利的制度改革，或者通过他们的集体行动形成一个政府部门和创业者共赢的制度。最后，制度要进行适应性变迁，避免强制性变迁造成更大的成本。由于制度变革的成本较大，因此要根据创业者的实际情况、其适应制度调整的能力进行不同程度的约束，避免采取"一刀切"的措施，造成创业者更多的沉淀成本。此外，在制度操作过程中，应与创业者进行充分沟通协商，保证双方之间信息对称。在应对制度变迁和技术进步的过程中，农民工创业者的企业家精神，尤其是动态能力对创业企业的成长至关重要，其动态学习能力、应对危机的能力、关系建构能力和资源获取能力直接决定了创业企业的成长过程。

第四，建立生计型创业的补贴机制，推动柔性创业机制的形成。创业柔性在农村创业中具有十分重要的作用。随着制度变迁和技术进步，如何动态适应外部环境变化，实现创业的柔性经营，提高应对外部冲击的能力，是农民工创业者生存的关键，尤其对于小规模创业农民工来说。政府对农村创业实现全程扶持。政府部门在扶持农村创业过程中，首先要重视平衡经济绩效、社会绩效和生态绩效，使三方面绩效协同发展，制度调适、技术供给、社会建构等视角都要重视，保证制度对三方面绩效平衡的重要作用。当外部冲击所造成的筛选机制将生计型创业农民工排斥在集群创业之外时，一个集群的可持续发展就失去了多元主体协同发展的机会，而这种生计型创业正是推进农村经济和农民生活水平提高的关键。因此，在应对外部冲击时，政府需要建立一种补贴生计型创业者以缓解冲击的机制，从而保障集群内部主体的多元化，不应该一视同仁或者扶持更强的企业，从而使集群发展失去柔性和活力。此外，这些生计型创业者的产品供给也是集群内在外面销售门店的产品来源，在一定程度保证了持续货源，如果失去了大量生计型创业者的支持，产业链延伸经营的经济可持续性就会受到冲击。

第五，增强创业扶持制度的灵活性和持续性，推动创业集群的可持续发展。在扶持政策方面，为了提升返乡创业农民工的创业柔性，需要依据环境的变化，精准实施创业扶持政策，提高农民工返乡创业的效率。首先，制度变迁要具有适应性效率。返乡创业农民工要面对众多的市场风险，其资金链、技术链和支撑链随时面临断裂的问题，制度变迁需要适时针对农民工返乡创业所面临的实际问题，提高适应性效率。其次，加强制度变迁方向的持续性。对农民工返乡创业的支持需要在方向上一致，不能一段时间支持，一段时间不支持，要建立在持续支持的框架上，保证支持方向的一致性。最后，扶持制度的门槛需要降低，对于生计型创业，如果扶持门槛较高，这些生计型创业农民工就无法获得扶持，从而降低其创业经营的可持续性。

参考文献

［1］白彦壮，张璐，薛杨．社会网络对社会创业机会识别与开发的作用——以格莱珉银行为例［J］．技术经济，2016，35（10）：79-85．

［2］边燕杰，杨洋．中国大众创业的核心元素——创业者的关系嵌入与核心关系圈［J］．探索与争鸣，2019（9）：158-168，200．

［3］边燕杰，张磊．网络脱生：创业过程的社会学分析［J］．社会学研究，2006（6）：74-88，244．

［4］边燕杰．网络脱生：创业过程的社会学分析［J］．社会学研究，2006（6）：74-88．

［5］曹祎遐．创业团队成员选择机制研究［J］．云南社会科学，2014（4）：93-96．

［6］曹院平．创业关系网络对新创企业成长的影响研究——基于农民工创业视角［J］．技术经济与管理研究，2019（10）：46-51．

［7］陈聪，庄晋财，程李梅．网络能力对农民工创业成长影响的实证研究［J］．农业经济问题，2013，34（7）：17-24，110．

［8］陈梦妍，刘静，马红玉，张永红．新生代农民工心理资本、创业机会识别对创业绩效的影响研究［J］．四川文理学院学报，2019，29（2）：103-110．

［9］陈文沛．关系网络与创业机会识别：创业学习的多重中介效应［J］．科学学研究，2016，34（9）：1391-1396．

［10］陈熹，范雅楠，云乐鑫．创业网络、环境不确定性与创业企业成长关系研究［J］．科学学与科学技术管理，2015（9）：105-116.

［11］陈燕妮，Jaroensutiyotin Jiraporn．创业机会识别的整合视角［J］．科技进步与对策，2013，30（2）：4-8.

［12］陈中飞，翁贞林，朱红根，康兰媛．中部欠发达地区农民工返乡创业的困境分析与政策优化建议［J］．江西农业大学学报（社会科学版），2010（12）：34-39.

［13］程伟．农民工返乡创业研究［D］．西北农林科技大学博士学位论文，2011.

［14］单标安，李文玉，鲁喜凤，汤淑琴．技术创业者的创业学习：学习目标与学习方式变革——基于新生创业者的多案例研究［J］．外国经济与管理，2018，40（6）：17-28.

［15］邓晓，王颖．外部环境动态性对创业团队创新影响及机制的理论探讨［J］．科学管理研究，2019，37（2）：21-23

［16］丁冬，傅晋华，郑风田．社会网络、先前经验与新生代农民工创业［J］．西部论坛，2014（5）：26-31.

［17］丁冬，傅晋华，郑风田．社会资本、民间借贷与新生代农民工创业［J］．华南农业大学学报（社会科学版），2013，12（3）：50-56.

［18］董晓霞，Scott Rozzelle．地理区位、交通基础设施与种植业结构调整研究［J］．管理世界，2006（9）：59-63.

［19］董延芳，张则月．中国创业者创业机会识别研究［J］．经济与管理评论，2019，35（6）：57-67.

［20］范彬，王媛，焦伟伟．返乡农民工提升创业机会识别能力的有效途径［J］．中国经贸导刊（中），2018（20）：49-50.

［21］费孝通．乡土中国［M］．北京：人民出版社，2008.

［22］符文颖．地方创业与产业集群互动关系的研究进展与展望［J］．地理科学进展，2018，37（6）：739-749.

［23］甘宇．可持续生计分析框架下的返乡农民工创业业态选择研究［J］．四川师范大学学报（社会科学版），2019，46（4）：68-76.

［24］高静，张应良．农户创业：初始社会资本影响创业者机会识别行为研究——基于518份农户创业调查的实证分析［J］．农业技术经济，2013（1）：32-39.

［25］郭红东，丁高洁．关系网络、机会创新性与农民创业绩效［J］．中国农村经济，2013（8）：78-86.

［26］郭红东，丁高洁．社会资本、先验知识与农民创业机会识别［J］．华南农业大学学报（社会科学版），2012，11（3）：78-85.

［27］郭琪，贺灿飞，史进．空间集聚、市场结构对城市创业精神的影响研究［J］．中国软科学，2014（5）：107-117.

［28］郭群成，郑少锋．返乡农民工经验异质性与团队化创业实证研究［J］．软科学，2010，24（12）：97-101.

［29］国务院发展研究中心《农民工回乡创业问题研究》课题组．农民工回乡创业现状与走势：对安徽、江西、河南三省的调查［J］．改革，2008（11）：15-30.

［30］韩俊，崔传义．我国农民工回乡创业面临的困难及对策［J］．经济纵横，2008（11）.

［31］贺雪峰．农民工返乡创业的逻辑与风险［J］．求索，2020（2）：4-10.

［32］胡俊波．职业经历、区域环境与农民工返乡创业意愿——基于四川省的混合横截面数据［J］．农村经济，2015（7）：111-115.

［33］胡晓娣．社会资本对创业机会识别的影响机理研究［J］．生产力研究，2009（2）：15-17.

［34］黄洁，蔡根女，买忆媛．谁对返乡农民工创业机会识别更具影响力：强连带还是弱连带［J］．农业技术经济，2010（4）：28-35.

［35］黄洁．蔡根女．农村微型企业：创业者社会资本和初创企业绩效

［J］. 中国农村经济，2010（5）：65-73.

　　［36］黄晓勇，刘伟，李忠云，张春勋. 农民工回乡创业：定义与边界、发生机制及概念模型［J］. 经济体制改革，2012（4）：71-75.

　　［37］黄兆信，曾纪瑞. 新生代农民工创业活动影响因素实证研究［J］. 华中师范大学学报（人文社会科学版），2012（9）：146-152.

　　［38］蒋剑勇，钱文荣，郭红东. 农民创业机会识别的影响因素研究——基于968份问卷的调查［J］. 南京农业大学学报（社会科学版），2014，14（1）：51-58.

　　［39］靳丽遥，张超，宋帅. 先前经验、信息资源、政策环境与创业机会识别——基于三峡库区移民创业者的调研分析［J］. 西部论坛，2018，28（4）：116-124.

　　［40］李安，李朝晖. 返乡农民工创办的微型企业成长性影响因素分析［J］. 湖南农业大学学报（社会科学版），2014（2）：1-8.

　　［41］李长峰，庄晋财. 农民工创业初期行业选择影响因素的实证研究［J］. 农村经济，2014（1）：109-113.

　　［42］李长生，黄季焜. 信贷约束和新生代农民工创业［J］. 农业技术经济，2020（1）：4-16.

　　［43］李朝晖，韩姝冰. 农民创业要素集聚机制及区位路径选择［J］. 湖南农业大学学报（社会科学版），2017，18（1）：1-6.

　　［44］李呈琛. 农民工返乡创业与县域城镇空间结构演变研究［D］. 西安外国语大学硕士学位论文，2012.

　　［45］李功网，罗余才. 创业与产业集群的相互关系研究［J］. 科技管理研究，2011（11）：202-204.

　　［46］李小建，罗庆，樊新生. 农区专业村的形成与演化机理研究［J］. 中国软科学，2009（3）：71-80.

　　［47］李小建，时慧娜. 基于分子跃迁反应的回乡创业者"能量"扩散行为的实证分析［J］. 人文地理，2009（3）：5-9.

［48］李新春，刘莉．嵌入性—市场性关系网络与家族企业创业成长［J］．中山大学学报（社会科学版），2009，49（3）：190-202.

［49］李志刚，刘晔．中国城市"新移民"社会网络与空间分异［J］．地理学报，2011，66（6）：785-795.

［50］林斐．对90年代回流农村劳动力创业行为的实证研究［J］．人口与经济，2004（2）：51-54.

［51］林耿．地理区位与权力——以广州X市场为例［J］．地理研究，2011（9）：1577-1591.

［52］刘畅，齐斯源，王博．创业环境对农村微型企业创业绩效引致路径的实证分析［J］．农业经济问题，2015（5）：104-109.

［53］刘畅，王博，王馨．农村微型企业创业环境对创业绩效影响的实证研究［J］．农业现代化研究，2015（7）：636-642.

［54］刘俊威，刘纯彬．农民工创业性回流影响因素的实证分析——基于安徽省庐江县调研数据［J］．经济体制改革，2009（6）：85-89.

［55］刘苓玲，徐雷．中西部地区农民工返乡创业问题研究［J］．人口与经济，2012（6）：33-38.

［56］刘新智，刘雨松．外出务工经历对农户创业行为决策的影响［J］．农业技术经济，2015（6）：4-14.

［57］刘轩，马海韵．返乡创业支持网络与创业获得感：基于资源、规模和经验的综合视角［J］．财贸研究，2020，31（1）：58-69.

［58］刘迎君．禀赋特质、农民工回流创业与地域分层意愿［J］．贵州社会科学，2017（3）：133-140.

［59］刘玉侠，喻佳．社会网络对回流农民工的影响分析［J］．江淮论坛，2018（2）：18-22.

［60］龙冬平，李同昇，苗园园，等．陕甘宁地区农业龙头企业集群发展的区位选择——基于6个国家级农业科技园区内的企业管理者调查［J］．地理研究，2014，33（8）：1515-1528.

［61］罗明忠，邹佳瑜．创业动机到创业选择与实施：农民创业中的社会资本因素［J］．广东商学院学报，2012（6）：52-58.

［62］孟晓斌．创业过程的情景依存性分析［J］．技术经济，2007（12）：5-8.

［63］苗长虹，魏也华．分工深化、知识创造与产业集群成长［J］．地理研究，2009（7）：853-863.

［64］苗莉，何良兴．草根创业者社会网络对创业机会识别的影响及机理［J］．财经问题研究，2015（8）：117-123.

［65］彭华涛．社会网络型创业经济的网络构成及融合模式研究［J］．学术论坛，2012（6）：149-153.

［66］彭小晶，王维平．农民工返乡创业条件供求对接的双向嵌入机制构建［J］．现代经济探讨，2019（5）：119-124.

［67］秦剑，张玉利．社会资本对创业企业资源获取的影响效应研究［J］．当代经济科学，2013（3）：96-104.

［68］任义科，杜海峰，李树茁．农民工社会网络的核心边缘结构分析［J］．人口与发展，2010，16（6）：2-16.

［69］阮建青．资本壁垒与产业集群——基于浙江濮院羊毛衫产业的案例研究［J］．经济学季刊，2007（10）：71-92.

［70］芮正云，史清华．中国农民工创业绩效提升机制：理论模型与实证检验——基于"能力—资源—认知"综合范式观［J］．农业经济问题，2018（4）：108-120.

［71］沙德春，孙佳星．创业生态系统40年：主体—环境要素演进视角［J］．科学学研究，2020，38（4）：663-672，695.

［72］石涛．影响返乡农民工创业融资渠道选择的金融供给因素分析——基于中部地区782户返乡农民工的调查数据［J］．金融理论与实践，2016（3）：75-79.

［73］斯晓夫，王颂，傅颖．创业机会从何而来：发现，构建还是发现+构

建？——创业机会的理论前沿研究 ［J］．管理世界，2016（3）：115-127.

［74］孙红霞．农民创业研究前沿探析与我国转型时期研究框架构建 ［J］．外国经济与管理，2010（6）：3-37.

［75］孙艳香，肖文．台湾农民创业园在大陆的区位选择及发展对策研究 ［J］．浙江农业学报，2015，27（7）：1272-1279.

［76］孙玉青，赵艳萍．集群内创业网络对创业资源的影响研究 ［J］．科技进步与对策，2011（4）：52-54.

［77］滕丽娟．农民工社会资本的影响及存量 ［J］．理论导刊，2010（5）：76-77.

［78］佟光霁，邢策．政府支持农民工返乡创业的多元化投资模式研究——基于演化博弈的分析 ［J］．西部论坛，2020，30（2）：57-65.

［79］汪三贵等．人力资本和社会资本对返乡农民工创业的影响 ［J］．农业技术经济，2010（12）：4-10.

［80］王朝云，梅强．产业集群中的创业要素与创业活动分析 ［J］．科技进步与对策，2011（1）：45-51.

［81］王栋，陈永广．企业家社会资本对创业企业成功的影响分析 ［J］．科学管理研究，2010，28（2）：25-29.

［82］王西玉，崔传义，赵阳．打工与回乡：就业转变与农村发展 ［J］．管理世界，2003（7）：99-109.

［83］王悦，焦伟伟，范彬．社会网络对农民工返乡创业机会识别能力的影响 ［J］．合作经济与科技，2018（13）：168-169.

［84］王志勇，叶祥松，李飞星．农业企业区位嵌入条件 logit 模型分析 ［J］．统计与决策，2018，34（12）：103-106.

［85］王转弟，马红玉．创业环境、创业精神与农村女性创业绩效 ［J］．科学学研究，2020，38（5）：868-876.

［86］魏凤，闫芃燕．西部返乡农民工创业模式选择及其影响因素分析 ［J］．农业技术经济，2012（9）：66-74.

［87］沃尔特·艾萨德.区位与空间经济［M］.杨开忠，沈体雁等译.北京：北京大学出版社，2010.

［88］吴磊，郑凤田.创业环境维度视角下的农民工回乡创业选择［J］.中国人口·资源与环境，2012（9）：116-120.

［89］向发敏.创业创新活动的空间区位选择理论初探［J］.天津经济，2015（7）：45-47.

［90］向永胜，施晨阳.企业家网络、商业模式创新与创业企业成长关系研究［J］.中国经贸导刊（中），2020（3）：118-120.

［91］项国鹏，潘凯凌，张文满.网络关系、创业机会识别与创业决策——基于浙江新创企业的实证研究［J］.科技管理研究，2018，38（22）：169-177.

［92］徐红罡，马少吟.旅游小企业的创业机会识别研究——桂林阳朔西街案例［J］.旅游学刊，2012，27（8）：18-26.

［93］严杰，刘人境.创业环境动态性、创业学习与创业机会识别关系研究［J］.科技进步与对策，2018，35（13）：1-7.

［94］杨昊，贺小刚，杨婵.异地创业、家庭支持与经营效率——基于农民创业的经验研究［J］.经济管理，2019，41（2）：36-54.

［95］杨其静，王宇锋.个人禀赋、制度环境与创业决策：一个实证研究［J］.经济理论与经济管理，2010（1）：68-73.

［96］杨晓光，樊杰.中国农村工业企业区位变化研究［J］.经济地理，2009（3）：472-477.

［97］杨学儒，韩剑，徐峰.乡村振兴背景下休闲农业产业升级：一个创业机会视角的实证研究［J］.学术研究，2019（6）：101-109.

［98］杨学儒，李新春.地缘近似性、先前经验与农业创业企业成长［J］.学术研究，2013（7）：64-69.

［99］杨学儒，杨萍.乡村旅游创业机会识别实证研究［J］.旅游学刊，2017，32（2）：89-103.

［100］杨学儒，邹宝玲.模仿还是创新：互联网时代新生代农民工创业机会

识别实证研究 [J] . 学术研究，2018 (5)：77-83.

[101] 姚小涛，张田 . 强关系与弱关系：企业成长的社会关系依赖研究 [J] . 管理科学学报，2008 (2)：143-151.

[102] 于欣誉，郭伟，李国正，高书平 . 乡村振兴下农民工返乡创业的信贷约束：一个综述 [J] . 广西社会科学，2018 (12)：181-185.

[103] 袁明达 . 特困地区制度环境、创业动机与农民工新创企业成长——基于武陵山和罗霄山片区的调查分析 [J] . 湖北民族学院学报（哲学社会科学版），2019，37 (4)：78-85.

[104] 张海洋 . 村庄金融环境与农户创业行为 [J] . 浙江社会科学，2011 (7)：1-11.

[105] 张浩，孙新波 . 网络嵌入视角下创业者外部社会资本对创业机会识别的影响研究 [J] . 科学学与科学技术管理，2017，38 (12)：133-147.

[106] 张洁瑶 . 创业企业多维邻近性对协同创新关系影响研究 [J] . 科研管理，2018，39 (9)：78-85.

[107] 张连海 . 关系化与类型化：从"熟人社会"网络到"生人社会"网络的演化机制——对冀南宋村内外的考察 [J] . 广东社会科学，2016 (5)：204-212.

[108] 张亮，李亚军 . 就近就业、带动脱贫与农民工返乡创业的政策环境 [J] . 改革，2017 (6)：68-76.

[109] 张明龙，周剑勇 . 杜能农业区位论研究 [J] . 浙江师范大学学报（社会科学版），2014 (5)：95-100.

[110] 张若瑾 . 创业补贴、小额创业贷款政策对回流农民工创业意愿激励实效比较研究——一个双边界询价的实证分析 [J] . 农业技术经济，2018 (2)：88-103.

[111] 张新芝，欧阳伉孙，王玉帅 . 农民工返乡创业的影响因素及作用机理——基于系统基模的分析 [J] . 南昌大学学报（人文社会科学版），2014 (4)：66-71.

［112］张秀娥，金兰，王西．网络能力对返乡农民工创业企业成长的影响 ［J］．学习与实践，2016（10）：45-49．

［113］张秀娥，张峥．返乡农民工创业动机及激励因素分析［J］．经济纵 横，2010（6）：50-53．

［114］张一力，王芳芳．后金融危机时期农民工就业地创业及纾困探讨—— 基于温州的样本分析［J］．天府新论，2011（4）：70-74．

［115］张云武．社会流动与流动者的关系网络［J］．社会，2009（1）： 122-141．

［116］赵浩兴．农民工创业地点选择的影响因素研究——来自沿海地区的实 证调研［J］．中国人口科学，2012（2）：103-110，112．

［117］赵晓东，王重鸣．产业集群背景下创业者社会网络动态结构实证研究 ［J］．技术经济，2007（1）：14-17．

［118］郑丹辉，李新春，李孔岳．相对关系导向与新创企业成长：制度环境 的调节作用［J］．管理学报，2014（4）：510-519．

［119］郑山水．强弱关系、创业学习与农民工返乡创业绩效［J］．西部论 坛，2017，27（3）：25-33．

［120］郑少峰，郭群成．返乡农民工创业决策的影响因素——基于重庆市6 个镇204个调查样本数据的分析［J］．华南农业大学学报（社会科学版），2010 （3）．

［121］仲伟仁，芦春荣．环境动态性对创业机会识别可行性的影响路径研 究——基于创业者个人特质［J］．预测，2014，33（3）：27-33．

［122］朱红根，陈昭玖，翁贞林．农民工返乡创业企业成长影响因素研究 ［J］．商业研究，2011（7）：125-129．

［123］朱红根，陈昭玖，张月水．农民工返乡创业政策满意度影响因素分析 ［J］．商业研究，2011（2）：143-148．

［124］朱红根，康兰媛．农民工创业动机及对创业绩效影响的实证分析 ［J］．南京农业大学学报（社会科学版），2013，13（5）：59-66．

［125］朱红根，梁曦．制度环境、创业氛围与农民创业成长［J］．农业经济与管理，2018（2）：27-36.

［126］朱红根．关系资本、融资约束与农户创业成长［J］．江苏大学学报（社会科学版），2018，20（6）：1-9，45.

［127］朱红根．外部环境与农民工返乡创业意愿关系的实证分析——基于江西省1145个农民工样本调查数据［J］．经济问题探索，2011（6）：59-64.

［128］朱华晟，刘兴．城市边缘区外来农民工非正规创业动力与地方嵌入［J］．经济地理，2013（12）：135-140.

［129］朱文哲，杜萍萍，吴娜林，等．传统农区蔬菜生产区位研究——以河南省开封市为例［J］．人文地理，2015，30（2）：89-96.

［130］庄晋财，马婧，王春燕．产业网络嵌入对农民工创业成长的影响研究——基于知识能力累积视角的实证分析［J］．云南财经大学学报，2015（1）：131-140.

［131］庄晋财，杨万凡．基于资源和能力观的农民工新创企业成长路径探析［J］．西北农林科技大学学报（社会科学版），2015（3）：21-27：

［132］庄晋财，尹金承，王春燕．农民工创业资源获取的网络渠道及其差异研究［J］．软科学，2015（5）：140-144.

［133］庄晋财，敖晓红．创业活动空间选择环境影响因素的实证研究——基于新经济地理学的视角［J］．改革与战略，2016，32（3）：116-121.

［134］庄晋财，杜娟．农民工创业成长的网络化能力提升路径研究［J］．求实，2014（6）：92-96.

［135］庄晋财，冯雪．基于过程视角的农民工创业成长影响因素实证研究［J］．广西大学学报（哲学社会科学版），2014，36（2）：60-68.

［136］庄晋财，刘佳毅．异质性视角下农民机会型创业的团队建设研究［J］．新疆农垦经济，2018（2）：1-10.

［137］庄晋财，芮正云．双重网络嵌入、创业资源获取对农民工创业能力的影响［J］．中国农村观察，2014（3）：29-41.

［138］庄晋财，吴培．农民工创业成长中的双重网络嵌入路径研究［J］．广西大学学报（哲学社会科学版），2014，36（6）：77-83.

［139］庄晋财，杨宇哲．务工经历对返乡农民工创业能力提升的影响研究——基于人力资本累积的视角［J］．江苏大学学报（社会科学版），2020，22（1）：86-96.

［140］庄晋财．中国转型时期农民工创业企业网络化成长研究论纲［J］．云南财经大学学报，2011，27（2）：114-121.

［141］邹芳芳，黄洁．返乡农民工创业者的创业资源对创业绩效的影响［J］．农业技术经济，2014（4）：80-88.

［142］Andersson D. E. The Spatial Nature of Entrepreneurship［J］. The Quarterly Journal of Austrian Economics，2005，8（2）：21-34.

［143］Andreas Stephan. Locational Conditions and Firm Performance：Introduction to the Special Issue［J］. Ann Reg Sci，2011（46）：487-494.

［144］Andrew M. Marton. Local Geographies of Globalization：Rural Agglomeration in the Chinese Countryside［J］. Asia Pacific Viewpoint，2002，43（1）：23-42.

［145］Arenius P.，Minniti M. Perceptual Variables and Nascent Entrepreneurship［J］. Small Business Economics，2005，24（3）：233-247.

［146］Christian Felzensztein，Eli Gimmon. Social Networks and Marketing Cooperation in Entrepreneurial Clusters：An International Comparative Study［J］. J Int Entrep，2009（7）：281-291.

［147］Christian Felzensztein，EliGimmon，Claudio Aqueveque. Entrepreneurship at the Periphery：Exploring Framework Conditions in Core and Peripherial Locations［J］. Entrepreneurship Theory and Practice，2013（7）：815-833.

［148］Craig S. Galbraith，Carlos L. Rodriguez，Alex F. DeNoble. SME Competitive Strategy and Location Behavior：An Exploratory Study of High-Technology Manufacturing［J］. Journal of Small Business Management，2008，46（2）：183-202.

［149］Daskalopouou I. Entrepreneurship and the Spatial Context: Evidence on the Location of Firm Births in Greece ［J］. RURDS, 2008, 20 (3): 179-193.

［150］D' Haesey M. , Ruijter H. M. Business Incomes in Rural Nicaragua: The Role of Household Resources, Location, Experience and Trust; Entrepreneurship & Regional Development, 2008 (20): 345-366.

［151］Fafchamps, Marcel, Flore Gubert. Risk Sharing and Network Formation ［J］. American Economic Review, 2007, 97 (2): 75-79.

［152］Felsenstein D. , Fleischer A. Small-Scale Entrepreneurship and Access to Capital in Peripheral Locations: An Empirical Analysis ［J］. Growth and Change, 2002 (33): 196-215.

［153］Felsenstein D. Small-Scale Entrepreneurship and Acess to Capital in Peripheral Locations: An Empirical Analysis ［J］. Growth and Change, 2002 (33): 196-213.

［154］Frank Lasch, Frank Robert. Regional Determinants of ICT New Firm Formation ［J］. Small Bus Econ, 2011 (2) .

［155］Glaeser E. L. An Economic Approach to Social Capital ［J］. The Economical Journal, 2002 (112): 437-458.

［156］Guy Dumais, Glenn Ellison, Edward L. Glaeser. Geographic Concentration as a Dynamic Process ［J］. The Review of Economics and Statistics, 2002 (4): 193-204.

［157］Haapanch M. , Tervo Hannu. Self-employment Duration in Urban and Rural Locations ［J］. Applied Economics, 2009 (41): 2449-2461.

［158］Haruo H. Horaguchi. Economics of Reciprocal Networks: Collaboration in Knowledge and Emergence of Industrial Clusters ［J］. Comput Econ, 2008 (31): 307-339.

［159］Huiban J. P. The Spatial Demography of New Plants: Urban Creation and Rural Survival ［J］. Small Business Economics, 2011, 37 (1): 73-86.

［160］ J. E. Amorós, Felzensztein C, Gimmon E. Entrepreneurship in Peripheral versus Core Regions: Lsssons from Chile ［J］. Frontiers of Entrepreneurship Research, 2011.

［161］ Johannes Glückler. Knowledge, Networks and Space: Connectivity and the Problem of Non - Interactive Learning ［J］. Regional Studies, 2013, 47 (6): 880-894.

［162］ Justin Tan, Yunfei Shao, Wan Li. To Be Different, or to Be the Same? An Exploratory Study of Isomorphism in the Cluster ［J］. Journal of Business Venturing, 2013, 28 (1): 83-97.

［163］ Kalantaridis Christos. In - Migration, Entrepreneurship and Rural - Urban Interdependencies: The Case of East Cleveland ［J］. North East England: Journal of Rural Studies, 2010, 26 (4).

［164］ Kalnins A., Chung W. Social Capital, Geography, and Survival Gujarati Immigrant Entrepreneurs in the U. S Lodging Industry ［J］. Management Science, 2006, 52 (2): 233-247.

［165］ Karima Kourtit, Daniel Arribas-Bel, Peter Nijkamp. Entrepreneurial Opportunities in Peripheral versus Core Regions in Chile ［J］. Small Bus Econ, 2011 (29).

［166］ Karima, Kourtit, Peter, et al. Special Issue: Innovation and Creativity as the Core of Regional and Local Development Policy ［J］. Regional Science Policy & Practice, 2011, 3 (3): 127-129.

［167］ Kathryn Stafford, Vibha Bhargava, Sharon M. Danes, George Haynes, Katherine E. Brewton. Factors Associated with Long-Term Survival of Family Businesses: Duration Analysis ［J］. J Fam Econ Iss, 2010 (31): 442-457.

［168］ Li Peilin. Social Network of Rural Migrants in China ［J］. Social Science in China, 2003 (4): 138-148.

［169］ Li Yu, Georeanne M. Artz. Migration and Rural Entrepreneurship ［R］.

Working Paper No. 09017 July 2009 Iowa State University Department of Economics A-mes, Iowa, 50011-1070.

[170] Ma R. , Huang Y. C. Social Network and Opportunity Recognition: A Cultural Perspective [J] . Academy of Management Proceedings, 2008, 1 (6): 1-6.

[171] Marijkedflhaes. Business Incomes in Rural Nicaragua: The Role of Household Resources, Location, Experience and Trust [J] . Entrepreneurship & Regional Development, 2008 (20): 345-366.

[172] Marthen L. Entrepreneurial Migration and Regional Opportunities in Developing Countries [J] . Ann Reg Sci, 2002 (36): 421-436.

[173] Mckeever E. , Jack S. , Anderson A . Embedded Entrepreneurship in the Creative Re-construction of Place [J] . Journal of Business Venturing, 2015, 30 (1): 50-65.

[174] Meccher, Pelloni. Rural Entrepreneurs and Institutional Assistance: An Empirical Study from Mountainous Italy [J] . Entrepreneurship and Regional Development, 2006 (18): 371-392.

[175] Merrett C. D. Small Business Ownership in Illinois, The Effect of Gender and Location on Entrepreneurship Success [J] . Professional Geographer, 2000, 52 (3): 425-436.

[176] Mohapatra S. , Rozelle S. , Goodhue R. The Rise of Self-Employment in Rural China : Development or Distress? [J] . World Development, 2007, 35 (1): 163-181.

[177] Monsen E. , Mahagaonkar P. Entrepreneurship in India: The Question of Occupational Transition [J] . Small Bus Econ, 2011 (3) .

[178] Morales F. Industrial Districts: Something More than a Neighbourhood [J] . Entrepreneurship & Regional Development, 2006 (18): 503-524.

[179] Ndoenl M. L. , Gorter K. , Nijkamp P. , Rietveld P. Entrepreneurial Migration and Regional Opportunities in Developing Countries [J] . Ann Reg Sci, 2002

(36): 421-436.

[180] Octavio F., Paulo G., Douglas W. Home-field Advantage: Location Decisions of Portuguese Entrepreneurs [J]. Journal of Urban Economics, 2002, 52 (2): 341-362.

[181] Olav S. Social Networks and the Geography of Entrepreneurship [J]. Small Business Economics, 2018 (51): 527-537.

[182] Paul J., A. Robson. Entrepreneurship and Innovation in Ghana: Enterprising Africa [J]. Small Bus Econ, 2009 (32): 331-350.

[183] Poon J. P. H. Social Capital and Female Entrepreneurship in Rural Regions: Evidence from Vietnam [J]. Applied Geography, 2012 (35): 308-315.

[184] Psaltopoulos D., Stathopoulou S., Skuras D. The Location of Markets, Perceived Entrepreneurial Risk, and Start-up Capital of Micro Rural Firms [J]. Small Business Economics, 2005 (25): 147-158.

[185] Ryuichiro Tsuchiya. Neighborhood Social Networks and Female Self-employment Earnings in Taiwan [J]. Int Entrep Manag J, 2010 (6): 143-161.

[186] Santos F. J. Does Social Capital Affect Entrepreneurial Intentions? [J]. Int Adv Econ Res, 2007 (13): 443-453.

[187] Schutjens V. The Evolution and Nature of Young Firm Networks: A Longitudinal Perspective [J]. Small Business Economics, 2003 (21): 115-134.

[188] Shepherd D A, Patzelt H. The New Field of Sustainable Entrepreneurship: Studying Entrepreneurial Action Linking "What Is to Be Sustained" With "What Is to Be Developed" [J]. Entrepreneurship Theory & Practice, 2011, 35 (1): 137-163.

[189] Shields J. F. Does Rural Location Matter? The Significance of a Rural Setting for Small Businesses [J]. Journal of Developmental Entrepreneurship, 2005, 10 (1): 49-63.

[190] Si S., Yu X., Wu A., et al. Entrepreneurship and Poverty Reduction: A Case Study of Yiwu, China [J]. Asia Pacific Journal of Management, 2015, 32

（1）：119-143.

［191］ Smit A. J. The Influence of District Visual Quality on Location Decisions of Creative Entrepreneurs ［J］ . Journal of the American Planning Association, 2011, 77 （2）：167-187.

［192］ Sorenson O. , P. Audia. The Social Structure of Entrepreneurial Activity: Geographic Concentration of Footwear Production in the United States, 1940 - 1989 ［J］ . American Journal of Sociology, 2000, 106 （2）：424-462.

［193］ Wiggins S, Procto S. How Special Are Rural Areas? The Economic Implications of Location for Rural Development ［J］ . Development Policy Review, 2010, 19 （4）：427-436.

［194］ Xiaohua Lin, Shaw Tao. Transnational Entrepreneurs: Characteristics, Drivers, and Success Factors ［J］ . J Int Entrep, 2012 （21） .

.